国家统一法律职业资格考试

韩心怡讲民诉法之主观题冲刺

⑦

韩心怡　编著

中国商务出版社
CHINA COMMERCE AND TRADE PRESS

图书在版编目（CIP）数据

韩心怡讲民诉法之主观题冲刺.7 / 韩心怡编著. -- 北京：中国商务出版社，2019.9

国家统一法律职业资格考试

ISBN 978-7-5103-3055-1

Ⅰ.①韩… Ⅱ.①韩… Ⅲ.①民事诉讼法－中国－资格考试－题解 Ⅳ.①D925.1－44

中国版本图书馆 CIP 数据核字（2019）第 184992 号

国家统一法律职业资格考试·韩心怡讲民诉法之主观题冲刺 7

韩心怡 编著

出　　版：中国商务出版社有限公司
地　　址：北京市东城区安定门外大街东后巷 28 号　　邮编：100710
责任部门：创新运营事业部（010－64515145　LYJ@cctpress.com）
责任编辑：薛庆林
助理编辑：刘玉洁
总 发 行：中国商务出版社发行部（010－64266193　64515150）
网　　址：http://www.cctpress.com
邮　　箱：cctp@cctpress.com
排　　版：北京唐人佳悦文化传播有限公司
印　　刷：三河市鑫鑫科达彩色印刷包装有限公司
开　　本：787 毫米×1092 毫米 1/32
印　　张：8.5　　字　　数：217 千字
版　　次：2019 年 9 月第 1 版　　印　　次：2019 年 9 月第 1 次印刷
书　　号：ISBN 978-7-5103-3055-1
定　　价：76.00 元

静待花开的日子——代序

法考改革已经进入第二年，作为通关前的最后一战，主观题的分量不言自明。在实体与程序相结合、规范与理论相结合、传统与开放相结合的命题趋势下，如何在最短时间内高效突破主观题，是本书的核心主旨。

从官方政策方面来看，主观题改革的核心目标是深入考查学生在事实认定和法律适用等方面的法治实践水平，通过大幅提高案例题的分值比重等举措，将一些具有典型性、指导性的“活生生”的案例，融入主观题的试卷中，综合检验考生的法律思维能力、分析论证能力、专业表达能力以及理论与实践相结合的能力。此外，在具体模式方面，允许考生在考试过程中参阅法律法规条文，这使得主观题考试更加灵活化、开放化。以上述改革思路为方向指引，本书在写作的过程中借鉴了诸多指导性案例、公报案例以及经典案例，以期最大限度地与最新命题理念相契合。

从全书的总体结构来看，采用由分到总、由浅入深、由小到大、由单一到综合的模式。首先，通过框架图为考生搭建起完整的民诉思维导图，从而为之后的综合性分析奠定基础。其次，通过“考点提示”“知识点激活”“重点突破”“解题窍门”“案例拓展”“重要法条链接”等板块对主观题所涉及的所有知识点进行全面盘点。在此基础上，对综合性案例进行专门集训，依托精心编撰的二十一个综合性大案例，为考生提供最佳的实战演练素材。在对综合性案例进行集中突破的过程中，着重培养考生专业的分析思路、科学的解题技巧和简明的答题步骤，并提供了起诉状、答辩状、上诉状及判决书等多种法律文书的写作模板。

结合本书的上述特色，特为各位考生准备了如下的主观题备考提示，希望能祝各位一臂之力：

1. 从考查内容来看，管辖、当事人、证据与证明、起诉条件与重复起诉、诉讼程序、执行程序、民商事仲裁，是主观题的核心命题点，须全面掌握相关的制度和规则。

2. 从命题方式来看，2019 年将继续采用民事实体法与民事程序法相结合的模式，全面提升相关学科的综合性考查；此外，法律文书写作的可考性也将提升。因此，考生在解析民诉主观题时，需要综合运用民事实体法、司法制度、法理学、法律职业道德规范等相关联的知识。

3. 从答题方法来看，随着命题模式的不断开放化和灵活化，主观题将不再是单一、死板的解析路径，考生须重视分类讨论、综合分析、灵活运用等能力的培养，不仅要熟知法律规范，更要学会运用法学基本原理和核心理论进行全面分析论证。结论不再是唯一的考查目标，将更加侧重对法律专业语言表达能力、过程分析论证能力、实际运用能力等方面的检测。

人生漫漫旅途中，最清晰的脚印，往往印在最泥泞的路上，距离最终的胜利，我们只差这最后一段路。希望这本并不厚的小册子，能够为各位主观题的备考之路提供助益，让我们努力再努力、坚持再坚持，一起静待花开！

韩心怡

2019 年秋于北京

目 录

民诉思维导图

- 总体结构概览
  - 民诉总论
    - 民诉法概述；基本原则；基本制度；诉；主管与管辖；
    - 当事人与诉讼代理人；诉讼辅助与保障制度
  - 民事证据与证明
    - 证据论
    - 证明论
  - 民事诉讼程序
    - 普通程序
    - 简易程序：传统型＋小额诉讼程序
    - 二审程序
    - 再审程序
  - 涉外诉讼程序的特殊规定
  - 非讼程序
    - 特别程序
    - 督促程序
    - 公示催告程序
  - 民事执行程序
    - 执行概述；执行管辖与执行管辖异议；执行行为异议；
    - 执行标的异议与再审；执行标的异议与执行异议之诉；
    - 委托执行；执行担保；执行和解；参与分配；
    - 变更、追加被执行人；各种执行措施
  - 民商事仲裁
    - 仲裁协议
    - 仲裁程序
    - 仲裁司法审查

民诉总论

- 民诉法概述
  - 多元化的解纷机制——和解；人民调解；民商事仲裁；劳动仲裁
  - 民诉法的性质：基本法＋程序法＋部门法＋公法
  - 民诉法的效力
  - 民事司法程序的体系结构：诉讼程序＋非讼程序＋执行程序
- 民诉法的基本原则
  - 平等原则 VS 同等原则、对等原则
  - 处分原则 VS 辩论原则
  - 民事诉讼诚实信用原则
  - 民事检察监督原则
  - 支持起诉原则
  - 法院调解原则
- 民诉法的基本制度
  - 合议制度：单一式＋陪审制 VS 独任制
  - 回避制度
  - 公开审判制度：法定不公开 VS 可以不公开
  - 两审终审制：一审终审的六种情形
- 诉与反诉
  - 诉讼标的 VS 诉讼请求 VS 诉讼标的物
  - 诉的种类：确认之诉；给付之诉；变更之诉
  - 反诉：主体同一；请求独立；牵连关系
- 主管与管辖
  - 法定管辖
    - 级别管辖
    - 一般地域管辖：四分法
    - 特殊地域管辖：合同纠纷；侵权纠纷；公司诉讼
    - 专属管辖：不动产＋4 种合同；港口作业；遗产继承
  - 协议管辖：适用范围；对消费者的倾斜保护
  - 裁定管辖
    - 指定管辖
    - 移送管辖：受理后、无到有、限一次
    - 管辖权转移：上向下移＋下向上移

- **民诉总论**
  - **当事人与诉讼代理人**
    - 共同诉讼：必要共同诉讼 VS 普通共同诉讼
    - 代表人诉讼：人数确定的 VS 人数不确定的
    - 诉讼第三人：有独三 VS 无独三
    - 第三人撤销之诉
    - 民事公益诉讼
    - 法定代理人 VS 委托代理人
  - **诉讼辅助和保障制度**
    - 期间
    - 送达
    - 保全与先予执行
    - 对妨害民事诉讼行为的强制措施（5 种）

- **证据与证明论**
  - **证据论**
    - 证据资格：证据“三性”——客观性 + 关联性 + 合法性
    - 法定证据种类
      - 当事人陈述
      - 书证 VS 物证
      - 视听资料 VS 电子数据
      - 证人证言
      - 鉴定意见：鉴定人 VS 专家辅助人
      - 勘验笔录
    - 证据的学理分类
      - 本证 VS 反证：三步法
      - 直接证据 VS 间接证据
      - 原始证据 VS 传来证据
  - **证明论**
    - 证明对象与免证事实：预决事实；自认
    - 证明责任
      - 证明责任的基本理论
      - 证明责任的具体分配：合同纠纷 VS 侵权纠纷（三步法）
    - 证明标准：排除合理怀疑标准的两类情形
    - 证明程序
      - 取证
      - 举证：举证期限；逾期举证的法律后果
      - 质证：不公开质证；不需要质证
      - 认证：文书提出命令；补强规则；非排规则

- 民事诉讼程序
  - 普通程序
    - 起诉与立案受理：起诉的积极条件 + 消极条件；立案登记制
    - 开庭审理前的准备：明确争点 + 分流案件
    - 开庭审理：法庭调查 + 法庭辩论 + 合议庭评议
    - 缺席判决：适用对象 + 具体情形
    - 延期审理、诉讼中止和诉讼终结
    - 法律文书与救济机制：判决 + 裁定 + 决定；复议 + 上诉 + 再审
  - 简易程序
    - 传统型简易程序（两审终审）
    - 小额诉讼程序：适用范围；一审终审；再审；程序选择与转换
  - 二审程序
    - 上诉的条件；上诉人与被上诉人的确定
    - 审理范围与审理方式：可以不开庭审理的条件和情形
    - 二审中的四种调解
    - 撤诉：撤回起诉（3 种） + 撤回上诉（2 种）
    - 二审案件的裁判方式（4 种）
    - 重复起诉：两同说 + 三同说
  - 再审程序
    - 法院启动再审：本院自行启动 + 上级法院启动
    - 当事人申请再审：法定事由；管辖
    - 检察机关启动再审：抗诉 + 再审检察建议

非讼程序

- 特别程序
  - 选民资格案件：争讼性＋申诉处理前置＋单一式合议制＋无须利害关系
  - 宣告公民失踪或死亡案件
  - 认定公民无人或限人案件
  - 认定财产无主案件
  - 确认调解协议案件
  - 实现担保物权案件
- 督促程序
  - 支付令的适用条件及法律效力
  - 异议无效的情形
  - 程序转换：督促转诉讼；诉讼转督促
- 公示催告程序
  - 公示催告阶段：止付通知；申报权利的期限及审查
  - 除权判决阶段：依申请＋单一式合议制＋公告生效

涉外诉讼程序

- 委托中国律师代理诉讼原则
- 国别专属：三种在中国履行的涉外合同纠纷
- 涉外期间：住所标准
- 其他特殊规定

民事执行程序

- 执行概述：执行程序的功能与特点；原则
- 执行管辖与执行管辖异议
- 执行行为异议：上一级法院复议
- 执行标的异议——原生效裁判正确性
  - 当事人申请再审
  - 案外人申请再审
- 执行标的异议——执行标的所有权
  - 案外人执行异议之诉
  - 申请执行人执行异议之诉
- 委托执行
- 执行担保
- 执行和解：可恢复、可起诉
- 参与分配：适用条件；财产分配方案异议之诉
- 变更、追加被执行人
- 各种执行措施：直接型 + 威慑、保障型

民商事仲裁

- 仲裁与仲裁协议
  - 仲裁概述：适用范围 + 协议仲裁 + 或裁或审 + 一裁终局
  - 仲裁协议的效力判断
  - 仲裁协议的独立性
- 仲裁程序
  - 保全：启动方式；具体程序
  - 回避：决定权；法律效果
  - 仲裁庭及其组成方式：合议仲裁庭 VS 独任仲裁庭
  - 审理方式：不公开审理为原则 + 可以书面审理
  - 和解与调解
  - 评议方式：无法形成多数意见时
  - 文书简化
- 仲裁司法审查
  - 申请撤销仲裁裁决
  - 申请不予执行仲裁裁决

2019年法考民诉主观题方向预测

【案例分析型主观题预测】

——管辖

——当事人

——证据与证明（证明责任的具体分配；证明责任与证明对象、免证事实的关系等）

——起诉条件（立案登记制改革）与重复起诉、既判力

——普通程序、二审程序、再审程序

——执行程序（执行异议与案外人再审、执行异议与执行异议之诉、执行和解、执行担保等）

——民商事仲裁（仲裁协议的效力；申请撤销或不予执行仲裁裁决）

【论述型主观题预测】

——多元化民事纠纷解决机制相互间的关系

——民事程序与程序、程序与制度、制度与制度、制度与规则之间的关系

——现行民事撤诉制度的正当性反思

——虚假诉讼、恶意诉讼等问题

——“执行难”问题

第一讲　多元化的民事纠纷解决机制

【考点提示】

民事诉讼与其他纠纷解决机制的关系	民事诉讼 VS 民商事仲裁
	民事审判 VS 诉讼外调解（人民调解、行业调解等）
	法院调解 VS 人民调解

【知识点激活】

解纷机制	主要特点
民事诉讼	不告不理；强制执行力保障；法定性和规范性
民商事仲裁	仲裁协议；一裁终局；执行力保障；或裁或审；适用范围有限
劳动争议仲裁	无须仲裁协议；劳动诉讼的前置程序
人民调解	协议的合同效力；可起诉、可司法确认（“可诉可确”）

重点突破

例 1

2018 年 6 月 5 日，居住在北京市海淀区的赵梦与居住在北京市朝阳区的刘刚在北京市昌平区签订了一份蔬菜买卖合同，约定自 2018 年 6 月 10 日起至 2019 年 2 月 10 日止，每周由刘刚向赵梦供应有机蔬菜六种（每种各一斤），赵梦须每月向刘刚支付菜款 400 元。合同中还约定，如因合同的履行发生争议，可以向朝阳区仲裁委员会申请仲裁或者向昌平区法院起诉。自2018年9月起，赵梦连续多次出现不支付菜款的情况。

结合上述案情，请回答以下问题：

（1）刘刚能否以赵梦不依约支付菜款为由申请仲裁？为什么？

（2）如果刘刚向昌平区法院提起诉讼，要求赵梦支付拖欠的菜款，法院应否受理？为什么？

（3）如果在法院审理案件的过程中赵梦与刘刚达成了和解协议，此时有哪些可能的选择？

（4）如果刘刚考虑到二人曾是校友而不愿意起诉，于是二人到朝阳区的人民调解委员会请求调解，但最终调解失败，此时有哪些解决纠纷的办法？

（5）如果在朝阳区人民调解委员会的主持下，刘刚和赵梦达成了调解协议，但之后赵梦拒不履行该调解协议，此时刘刚如何救济自身的权益？

（6）如果在朝阳区人民调解委员会的主持下，刘刚和赵梦达成了调解协议，但刘刚担心赵梦不能信守承诺，他可以通过什么方式来保障自身权益？

思路解析

（1）本题考查仲裁协议的效力。本案中赵梦与刘刚订立的仲裁条款存在两大致命问题：一是违反了或裁或审的要求；二是约定了根本不存在的仲裁机构，在县和不设区的市不能设立民商事仲裁机构，因此本案中的仲裁条款无效，刘刚无权申请仲裁。

（2）仲裁协议无效，并不影响诉讼管辖协议的效力。

本案属于买卖合同纠纷，符合协议管辖的适用范围；双方约定的昌平区法院是合同签订地法院，符合“实际联系”的要求，因此成立了有效的协议管辖。昌平区法院作为管辖协议中约定的法院，应当受理刘刚的起诉。

（3）在诉讼进行的过程中，允许调解或和解，如果双方当事人在诉讼过程中达成了和解协议，那么有两种可选方案：方案一是请求法院依据和解协议制作调解书，调解书与生效判决具有同等法律效力。方案二是原告刘刚向法院申请撤回起诉，法院准许撤回起诉之后，如果赵梦不履行和解协议，刘刚有权再次起诉。

（4）如果人民调解失败，可以选择的纠纷解决途径有：①提起买卖合同诉讼；②双方自行协商达成和解协议；③在双方均同意的情况下，要求其他人民调解委员组织进行调解。

（5）人民调解协议只具有民事合同性质的效力，如果赵梦不履行人民调解协议，刘刚可以赵梦作为被告向法院起诉，但诉讼的对象是调解协议中约定的权利义务关系，而不能直接针对原纠纷起诉。

（6）在刘刚和赵梦均同意的情况下，二人可以共同向调解组织所在地的基层法院申请司法确认，如果法院审查后作出了司法确认的裁定，则该裁定书可以作为申请强制执行的依据。

例 2

（2013 年卷四第七题第 4 问）近年来，随着社会转型的深入，社会管理领域面临许多挑战，通过人民调解、行政调解、司法调解和民事诉讼等多种渠道化解社会矛盾纠纷成为社会治理的必然选择；同时，司法改革以满足人民群众的司法需求为根本出发点，让有理有据的人打得赢官司，让公平正义通过司法渠道得到彰显。

请结合社会发展情况，试述调解和审判在转型时期的关系。

思路解析

本题为论述题，考查调解与审判的关系，没有固定的答案，但考生需要首先确定论述的核心点，并拟定基本结构和论述层次。

（1）首先，应当对调解和审判各自的优、缺点进行分别阐释。

（2）其次，应当结合相关法律规范以及民事诉讼法理，分别阐释调解和审判各自的特点，以及最新发展和最新规定。

（3）最后，需要以社会转型期为大背景并紧扣题干中的案件情况，综合论述调解与审判的相互关系，并进行升华式总结。

解题窍门：民事纠纷的解决机制多种多样，没有哪一种是绝对的最佳机制或“万金油”，需要结合案件的具体情况、纠纷当事人的不同需求等因素来选择相适宜的纠纷解决机制，即个案化的选择。

第二讲　民诉法的基本原则和基本制度

【考点提示】

民诉法基本原则	平等原则 VS 同等原则、对等原则
	处分原则 VS 辩论原则
	民事诉讼诚实信用原则的适用对象和具体要求
	民事检察监督原则的范围和内容；抗诉 VS 检察建议
民诉法基本制度	不公开审判的情形：法定不公开 VS 依申请可以不公开
	公众的裁判文书查阅权
	回避的方式、时间、适用对象、决定权主体、法律后果
	陪审制的适用范围；独任制的适用范围；合议庭的评议方式
	一审终审的情形（链接上诉的条件）

【知识点激活】

平等原则	诉讼权利和诉讼义务的相同性与对应性
同等原则与对等原则	同等是常态（原则上一视同仁）、对等是报复 同等原则、对等原则 VS 平等原则：涉外对比 VS 原、被告对比
辩论原则	当事人专属；非讼程序、执行程序不适用；口头辩论 + 书面辩论
处分原则	当事人专属；民事实体权利 + 民事诉讼权利；依法处分、诚信处分
	处分原则 - 诉讼请求；辩论原则 - 事实和证据问题

续表

民事诉讼诚实信用原则	所有参与民事诉讼的主体均须遵守诚信原则（法院、当事人、其他诉讼参与人、检察机关）
民事检察监督原则	审判检察监督＋执行检察监督＋对人检察监督；抗诉（“上抗下”、刚性）VS 检察建议（同级监督、柔性）；调查核实权
公开审判制度	法定不公开－国家秘密、个人隐私；依申请可以不公开－商业秘密、离婚
	公众查阅裁判文书：书面申请＋“三不能”
回避制度	审判人员－院长；院长－审委会；其他人员－审判长；本院复议（不停止参与）
	发回重审的案件又进入二审的，可以不另行组庭
合议制度	陪审制：一审普通程序＋发回重审＋一审再审（二审、非讼不得用陪审制）
	独任制：简易程序案件＋大部分非讼案件
两审终审制度	一审终审：最高法裁判＋非讼案件＋确认婚姻效力＋调解书＋大部分裁定＋小额诉讼

重点突破

1. 处分原则 VS 辩论原则

例 1

因长期感情不和，赵铭提起诉讼请求法院判令解除其与柳莉的婚姻关系，一审法院经过审理判决不准离婚。赵铭不服提出上诉，二审法院经过审理认为应当判决离婚，同时对子女抚养和财产分割一并作出了判决。

请问：关于本案中二审法院的判决，是否违反了民诉法的相关原则或制度？

思路解析

依据《民诉解释》第329条的规定，一审判决不准离婚的案件，上诉后，第二审法院认为应当判决离婚的，可以根据当事人自愿的原则，与子女抚养、财产问题一并调解；调解不成的，发回重审。但双方当事人同意由第二审法院一并审理的，第二审法院可以一并裁判。本案中：(1) 当事人对财产分割和子女抚养问题有处分权，但二审法院未经调解就直接对这些问题作出了判决，剥夺了当事人对这些事项的处分权，违反了处分原则的要求。(2) 二审法院一并判决的行为，剥夺了当事人对财产分割和子女抚养问题发表意见、陈述主张并进行反驳和答辩等权利，侵犯了当事人的辩论权，违反了辩论原则。(3) 二审法院对“子女抚养和财产分割”直接作出判决，剥夺了当事人对该部分判决的上诉权，损害当事人的审级利益，违反了两审终审的基本制度。

2. 其他几项基本原则：民事诉讼诚实信用原则；民事检察监督原则

请辨析下列说法：①

(1) 鉴定人王帆在接受了原告赠与的一个名牌皮包后，出具了有利于原告但不符合鉴定规程的鉴定意见，王帆的行

---

① 解析：

(1) 该说法错误。王帆的行为违反了民事诉讼诚实信用原则，与平等原则无关。

(2) 该说法错误。检察机关在民事诉讼中有三种可能的角色：民事检察监督主体；支持起诉主体；公益诉讼起诉人。检察机关提起环境公益诉讼时，其角色为公益诉讼起诉人，与民事检察监督原则无关。

为违反了平等原则。

（2）甲市检察院针对 F 工厂的违法排污行为提起了环境民事公益诉讼，体现了民事检察监督原则。

3. 公开审判制度

例 2

牛晓鑫是 A 公司技术研发部的副经理，参与了 A 公司一款早教机器人的研发项目，并与 A 公司签订了为期三年的保密协议。合同履行一年后，牛晓鑫辞职并与三位大学同学共同成立了 B 公司，主攻类似机器人的研发。A 公司将牛晓鑫起诉至法院，要求其承担违约责任并保守其所知晓的产品技术。

结合本案，请辨析下列说法：

（1）法院可以不开庭的方式审理本案，但应当公开宣判。

（2）法院应当以不公开的方式审理本案，但应当公开宣判。

（3）如果 A 公司向法院申请不公开审理此案，则法院应当不公开审理。

思路解析

本案是涉及商业秘密的案件，该种案件属于依申请可以不公开审理的案件。此外，无论是否公开审理案件，合议庭评议一律不公开，但宣判一律公开。

（1）该说法错误。不公开审理不等于不开庭审理，开庭审理包括公开开庭审理和不公开开庭审理两种模式，涉及商业秘密的案件，法院可以不公开的方式开庭审理，但应当公开宣判。

（2）该说法错误。涉及商业秘密的案件依申请可以不公开审理，而不是法定绝对不公开，该说法的前半句错误，后半句正确。

（3）该说法错误。A公司只有不公开审理的申请权，最终是否公开审理由法院裁量。

4. 回避制度

例3

某市F区法院负责审理原告赵三与被告航宇公司的产品质量侵权纠纷案，在开庭审理前，F区法院书面告知航宇公司合议庭由审判员甲、乙和人民陪审员丙组成（其中甲担任审判长），航宇公司未提出异议。在开庭审理的过程中，航宇公司始知审判长甲是原告的岳父，于是提出回避申请。

结合上述案情，请辨析下列说法是否正确：

（1）对航宇公司提出的回避申请，应当由F区法院的审判委员会讨论决定。

（2）对航宇公司提出的回避申请，F区法院应当以超过法定期限提出回避申请为由，驳回其申请。

（3）若甲被法院决定回避，则F区法院应当另行组成合议庭，诉讼程序重新进行。

（4）若甲被法院决定回避，则甲有权针对该决定向F区法院申请复议一次，但复议期间甲应当暂停参与本案的各项工作。

思路解析

（1）该说法错误。审判长甲仍然属于审判员，应当由院长来决定其是否回避。

（2）该说法错误。申请回避的时间原则上是在开庭审理时，提出回避申请，但如果之后才知道相关情况的，在法庭辩论终结前都可以提出回避申请。本案中，航宇公司在开庭审理过程中才知道审判长甲是原告的岳父，因此有权在此时提出回避申请。

（3）该说法错误。首先，甲被决定回避后，重新换一位新的审判长即可，不用整个合议庭另行组庭。其次，在诉讼中审判人员被决定回避后，不影响已经进行的诉讼程序，诉讼程序将继续进行，注意不要和仲裁的规则相混淆。

（4）该说法错误。只有当事人才有权申请复议，并且复议期间不停止参与本案的工作。

5. 合议制度/审判组织形式

一审普通程序	单一式合议制或陪审制
简易程序	独任制
二审程序	单一式合议制
再审程序	一审：单一式合议制或陪审制
	二审：单一式合议制
特别程序	选民资格案件－单一式合议制；其他五种－独任制；重大、疑难案件－单一式合议制
督促程序	独任制
公示催告程序	公示催告阶段－独任制；除权判决－单一式合议制

解题窍门：在论述类题目中，要学会运用民诉法的基本原则和基本理论来解析案例、阐释并论证自己的观点。例如：若出现恶意诉讼、虚假诉讼、滥用诉讼权利等情形，可结合民事诉讼诚实信用原则、处分原则的有限性等进行论述。

第三讲　诉

【考点提示】

识别诉讼标的	诉讼标的 VS 诉讼请求 VS 诉讼标的物
判断诉的种类	确认之诉 VS 给付之诉 VS 变更之诉
反诉	反诉的构成条件；反诉 VS 反驳

【知识点激活】

诉讼标的	发生争议的法律关系；诉讼标的物不是诉的必备要素；诉讼请求可多项
诉的种类	确认之诉：积极确认＋消极确认
	给付之诉：金钱＋物品（种类物、特定物）＋行为（作为、不作为）
	变更之诉：三撤、离婚诉讼、解除收养关系、增减原“三费”数额
反诉	主体同一＋管辖同一＋程序同一＋目的对抗＋请求独立＋牵连关系
	反诉 VS 反驳：请求的独立性
	牵连关系：基于同一法律关系或诉讼请求之间有因果关系或基于相同事实

重点突破

例 1

樊瑞与 H 公司签订了一份代加工合同，后 H 公司向法院起诉，要求樊瑞支付拖欠的代加工费65000元。

请问：樊瑞向法院提出的下列主张中，哪一个可能构成反诉？

（1）H公司的付款请求权已经超过诉讼时效。

（2）代加工合同无效。

（3）半个月前已经支付了全部的代加工费用。

思路解析

区分反诉与反驳的关键在于请求是否具有独立性，也即被告的反主张能不能构成一个独立的诉。（1）和（3）虽然具有对抗性，但请求不具备独立性，不能构成独立的诉，因此属于反驳。（2）满足请求独立性的要求，构成反诉。

例2

甲与乙签订了一份天鹅绒买卖合同，约定由甲向乙提供200斤特级天鹅绒，乙向甲支付货款150万元。甲向乙交付全部天鹅绒后，乙仅向甲支付了50万元货款，甲遂将乙诉至法院，请求法院判令乙支付剩余的100万元货款。在诉讼中乙提出，甲所供应的天鹅绒并非合同中所约定的特级品，而是价钱仅值特级天鹅绒1/4的二级绒，且乙用甲所提供的天鹅绒制作高端定制礼服，因为质量不合格而被英国的买家全部退货，给乙造成了极大的损失。

结合上述案情，请回答以下问题：

（1）本案中，乙可以通过哪些方式救济自己所遭受的损失？

（2）如果乙选择向法院提出反诉，后甲自觉局势不利，便申请撤回本诉并经法院准许，此时如何处理乙提出的反诉？

思路解析

（1）乙有两种选择：一是向有管辖权的法院提起一个独立的诉讼，追究甲的违约责任并要求赔偿损失；二是向受理本诉的法院提出反诉，由法院将本诉与反诉合并进行审理。

（2）如果甲撤回本诉，不会影响反诉的存在，法院应对反诉继续审理，如果甲无正当理由拒绝到庭，法院有权依法对甲作出缺席判决。

第四讲　主管与管辖

【考点提示】

管辖恒定	具体内容及适用
法定管辖	级别管辖：中级法院管辖的案件
	地域管辖：一般地域管辖的例外规定（四分法）；合同纠纷（网购合同）；侵权纠纷；公司诉讼；专属管辖（三类）
协议管辖	适用范围和适用条件；对消费者的倾斜保护
裁定管辖	指定管辖；移送管辖 VS 管辖权转移
管辖权异议	成立条件、法律后果；应诉管辖的成立条件

【知识点激活】

管辖恒定	立案受理后 + 住所地、经常居住地、行政区划变动；不得移送管辖
级别管辖	中级法院管辖的案件：重大涉外 + 本辖区重大影响 + 最高法确定的
	只有最高法才能“想管谁就管谁”
一般地域管辖	四分法：（1）离开住所地的离婚案件；（2）人身不自由的案件；（3）追索“三费”案件；（4）三种特殊的被告（下落不明、宣告失踪、不在中国境内）
特殊地域管辖	合同纠纷：合同履行地 + 被告住所地
	网购合同：虚拟交付 – 买受人住所地 + 被告住所地；其他交付 – 收货地 + 被告住所地
	侵权纠纷：侵权行为地（行为实施地 + 结果发生地） + 被告住所地

续表

特殊地域管辖	产品质量侵权：产品制造地 + 产品销售地 + 服务提供地 + 侵权行为地 + 被告住所地
	公司诉讼：公司住所地法院
专属管辖	不动产物权纠纷 +4 种特殊合同纠纷（农建房政）：不动产所在地法院
	港口作业纠纷：港口所在地法院
	遗产继承纠纷：被继承人死亡时住所地 + 主要遗产所在地
	中国法院专属管辖：3 种在中国履行的涉外合同纠纷
协议管辖	财产权益纠纷 + 书面 + 第一审非专属地域 + 可多选 + 实际联系 倾斜保护消费者：格式条款订立管辖协议 – 商家的提请告知义务
裁定管辖	移送管辖：纠错；受理后、无到有、限一次
	管辖权转移：变通、微调；上向下移 + 下向上移
	上向下移：确有必要 + 上级法院批准 + 几种具体情形
管辖权异议	第三人无权提出；管辖权异议的裁定可上诉、不可再审
	应诉管辖：未在法定期限内提出管辖权异议 + 对实体内容应诉答辩 + 不违反级别管辖和专属管辖的规定

重点突破

1. 级别管辖

请辨析以下说法：①

（1）民事公益诉讼案件原则上由中级法院管辖。

---

① 解析：

（1）该说法正确。民事公益诉讼原则上由中级法院管辖，但在环境民事公益诉讼中，中级法院认为确有必要并且报请高级法院批准的，可以交给基层法院审理。

（2）该说法错误。三种知识产权案件（著作权、商标权、专利权纠纷）都可能由中级法院管辖，也可能由基层法院管辖。

（2）基层法院可以管辖著作权纠纷案件，但专利侵权纠纷只能由中级法院管辖。

2. 一般地域管辖（四分法）

请判断下列情形中如何确定管辖法院：①

（1）某甲诉某乙的离婚诉讼，某乙长期处于下落不明的状态。

（2）某甲将被监禁的某乙诉至法院，要求其返还借款20万元。

（3）某甲起诉乙、丙、丁支付赡养费，乙、丙、丁均居住在北京市大兴区。

（4）某甲被法院判决宣告失踪，某乙将某甲诉至法院，要求其返还借用的跑车。

3. 合同纠纷的管辖

例1

住所地在广州市白云区的某甲在某乙（住所地为上海市虹口区）的淘宝店铺购买了一个“世界杯”吉祥物，某乙按照某甲选定的地址将吉祥物邮寄至某甲的母亲家（位于杭州市西湖区）。后因吉祥物的质量问题某甲向某乙提出退货要求，某乙拒绝，某甲准备提起诉讼。

---

① 解析：

（1）本案属于被告下落不明的离婚案件，即被告下落不明的身份关系案件，应当被告就原告。

（2）本案属于被告人身不自由的案件，应当被告就原告。

（3）本案属于多个被告在同一辖区的“三费”案件，应当原告就被告。

（4）本案中被告被宣告失踪，但属于财产权益纠纷，仍应原告就被告。

请问：哪些法院有权管辖本案？

思路解析

本案属于网购合同纠纷，应当由合同履行地或被告住所地法院管辖。网购合同履行地的确定取决于交付标的的方式，本案属于实物邮寄，以收货地作为合同履行地，因此本案应当由收货地（杭州市西湖区）或被告住所地（上海市虹口区）法院管辖。

例 2

住所地在北京市海淀区的某甲在南京市玄武区出差时，通过手机 App 在某图书网站上某乙（住所地为深圳市罗湖区）的网店购买了一套电子书，后因电子书内容不全且字体乱码，某甲欲起诉某乙承担违约责任。

请问：哪些法院有权管辖本案？

思路解析

本案同样属于网购合同纠纷，应当由合同履行地或被告住所地法院管辖。网购合同履行地的确定取决于交付标的的方式，本案中的电子书属于通过信息网络虚拟交付的情况，以买受人住所地作为合同履行地，因此本案应当由买受人住所地（北京市海淀区）或被告住所地（深圳市罗湖区）法院管辖。

解题窍门：在网购合同纠纷案件中，须首先了解交付标的的方式，从而确定合同履行地。

4. 侵权纠纷的管辖

例 3

小斌（住所地在北京市东城区）在南京市玄武区的乐

享购物商场购买了一套风范公司（住所地为上海市徐汇区）制造的高端音响。一日，小斌在位于北京市朝阳区的办公室使用该音响时，音响突然爆炸导致小斌的耳部受伤。

请问：小斌可以向哪些法院提起诉讼来救济自己的权益?

思路解析

本案涉及请求权基础竞合的情形，小斌有两种可选方案：一是依据其与购物商场的买卖合同提起违约之诉；二是提起产品质量侵权之诉。

（1）如果小斌选择提起违约之诉，则应当以乐享购物商场作为被告，管辖法院是合同履行地或被告住所地法院。

（2）如果小斌选择提起产品质量侵权之诉，则音响的制造地、销售地、侵权行为地、被告住所地法院均有管辖权。

解题窍门：在违约与侵权竞合的案件中，若题目中没有明确告知当事人选择何种请求权，则需要分类讨论。选择违约之诉与选择侵权之诉，在管辖、当事人的确定、诉讼请求的具体内容、证明责任的分配规则等方面均有所不同，需要分别解析。

【案例拓展】 最高法指导案例第25号“华泰财产保险有限公司北京分公司诉李志贵、天安财产保险股份有限公司河北省分公司张家口支公司保险人代位求偿权纠纷案”：因第三者对保险标的的损害造成保险事故，保险人向被保险人赔偿保险金后，代位行使被保险人对第三者请求赔偿的权利而提起诉讼的，应当根据保险人所代位的被保险人与第三者之间的法律关系，而不应当根据保险合同法律关系确定管辖法院。第三者侵害被保险人合法权益的，由侵权行为地或者被告住所地法院管辖。

5. 专属管辖（不动产、遗产继承）

例4

老李的户籍所在地是南京市玄武区，其女小李大学毕业后留在上海工作，为了能和女儿团聚，早年丧偶的老李于2015年10月搬到了上海与女儿女婿一起生活，一直住在上海市浦东区某高档小区。2017年2月，老李因病住进了浦东区某医院，不幸于2018年3月在医院去世。老李在南京市玄武区留有住房一套、存款30万余元。在老李去世后，一名男子刘某自称是老李的私生子，将小李诉至法院要求一同分割遗产。

请问：对于该案，有管辖权的法院是？

≫思路解析

本案属于遗产继承纠纷，适用专属管辖的规定，应由被继承人死亡时住所地或主要遗产所在地法院管辖。老李死亡时的住所地即户籍所在地为南京市玄武区，因此玄武区法院有管辖权；本案的主要遗产是房产，所在地同样是玄武区。由此可得，该案的管辖法院是玄武区法院。

6. 知识点补充：管辖恒定；公司诉讼的管辖

例5

2019年1月，家住甲市A区的魏大树将家住甲市F区的魏小草诉至F区法院，要求魏小草支付赡养费每月900元。2019年2月，经政府批准，F区所属区域划归A区管辖。F区法院遂以管辖范围变化对该案不再享有管辖权为由，将该案移送至A区法院。A区法院认为自己没有管辖权，于是将案件退还给F区法院。

结合本案，请辨析下列说法：

（1）本案属于赡养费纠纷，因此A区法院和F区法院都有管辖权。

（2）因行政区划变更，F区法院对案件不再具有管辖权，因此F区法院的移送案件的行为合法。

（3）A区法院不应将案件退还给F区法院，而应当将案件移送给其认为有管辖权的法院。

思路解析

（1）该说法错误。追索“三费”的案件，只有几个被告不在同一辖区的，才可以由原告住所地法院管辖。本案虽然属于“三费”案件，但只有一个被告，因此仍应原告就被告，只能由被告住所地法院管辖。

（2）该说法错误。行政区划的变动发生在F区法院立案受理之后，应当遵守管辖恒定的规则，F区法院将案件移送给A区法院的做法违反了管辖恒定的要求，因此是违法的。

（3）该说法错误。移送管辖“限一次”，受移送的法院若认为自己没有管辖权，其既不能将案件退回，也不能再次移送，正确的做法是报请上级法院指定管辖。

例6

某甲、某乙、某丙和某丁四人的住所地分别在北京市大兴区、上海市普陀区、深圳市宝安区、广州市白云区，硕士毕业后，四人在深圳市宝安区注册登记设立了一个“传奇”儿童玩具有限公司。在公司运营近三年的时候，某甲和某乙因为公司利润分配的问题发生了纠纷，某甲决定将某乙、某丙和某丁均诉至法院。

请问：对该案有管辖权的法院是？

思路解析

本案是因利润分配而引发的诉讼，属于公司法意义上的公司诉讼，只能由公司住所地法院管辖即深圳市宝安区法院。

7. 协议管辖

【考点提示】

（1）当事人因同居或者在解除婚姻、收养关系后发生财产争议，约定管辖的，可以适用协议管辖。

（2）经营者使用格式条款与消费者订立管辖协议，未采取合理方式提请消费者注意，消费者主张管辖协议无效的，法院应予支持。

8. 裁定管辖

请辨析下列说法：[①]

① 解析：

（1）该说法错误。法院立案受理后发现自己违反级别管辖，而将案件移送给有管辖权的法院，属于移送管辖，其功能是纠错（“受理后、无到有、限一次”）。

（2）该说法错误。被告住所地的变化发生在T区法院立案受理之后，因此其不得移送管辖，否则违反了管辖恒定的要求。

（3）该说法错误。本案属于被告下落不明的财产权益纠纷，应当原告就被告，被告住所地法院是乙市S区法院，因此S区法院对本案享有管辖权。

（1）甲市 F 区法院在受理某加工承揽合同纠纷案后，发现案件标的金额已经超出了其级别管辖的范畴，于是将案件移送至甲市中级法院审理，这属于管辖权的转移。

（2）在一起借款合同纠纷案中，原告刘梅起诉被告范军时，范军居住在某市 T 区。T 区法院立案受理后，范军搬到了某市 E 区，此时 T 区法院应当将案件移送给 E 区法院，且 E 区法院不得拒绝接受。

（3）居住地为甲市 D 区的杨柳要求居住地为乙市 S 区的赵紫依约向其交付 100 斤芒果，后因赵紫下落不明，杨柳将赵紫诉至乙市 S 区法院，S 区法院应当以对本案无管辖权为由裁定不予受理。

	移送管辖	管辖权转移
功能	纠错	微调和变通
性质	移送的仅仅是案件	移送的不仅仅是案件，更主要的是移送了案件的管辖权
主体	大多发生在同级法院之间	只能发生在上下级法院之间
后果	移送管辖后，被移送法院认为自己也没有管辖权的，须报请上级法院指定管辖	上级法院认为错误的，可以直接撤销下级法院的转移裁定
相同点	均属于裁定管辖的具体类型，文书均为裁定书	

9. 管辖权异议与应诉管辖

例 7

住所地在 A 市 B 区的甲公司与住所地在 A 市 C 区的乙公司签订了一份买卖合同，约定履行地为 D 县。合同签订后尚未履行，因货款支付方式发生争议，乙公司诉至 D 县法院。甲公司就争议的付款方式提交了答辩状。经审理，法院判决甲公司败诉。甲公司不服，以一审法院无管辖权为由提起上诉，要求二审法院撤销一审判决，驳回起诉。二审法院对上诉人提出的管辖权异议未予审查，裁定驳回异议。

请问：二审法院的做法是否合法？为什么？

思路解析

二审法院的做法合法。本案属于买卖合同纠纷，应当由合同履行地或被告住所地法院管辖，但合同没有实际履行，且当事人双方的住所地又都不在合同约定的履行地，因此案件本来应由被告住所地法院即 A 市 B 区法院管辖。乙公司将案件诉至 D 县法院，被告甲公司没有提出管辖权异议并且提交了答辩状，成立了应诉管辖，因此原本没有管辖权的 D 县法院因为应诉管辖而对案件享有了合法的管辖权。甲公司在一审判决作出后才提出管辖权异议，早已超过了法定的异议期限（答辩期限届满前），且 D 县法院已经构成应诉管辖，因此二审法院不应审查管辖权异议，二审法院裁定驳回异议的做法完全正确。

例 8

韩某诉九寨药业公司产品质量损害赔偿纠纷一案，甲省 A 市 B 区法院作出一审判决，支持了原告的诉讼请求。九寨公司不服，向甲省 A 市中级法院提起上诉，A 市中级法院判决驳回上诉、维持原判。该判决发生法律效力后，九寨公司向甲省高级人民法院申请再审，之后甲省高级法院裁定提审本案，审理后裁定撤销一、二审民事判决，发回甲省 A 市 B

区法院重审。在重审中，九寨公司提出管辖异议。

请问：法院应当如何处理九寨公司提出的管辖权异议？

思路解析

当事人在一审提交答辩状期间未提出管辖异议，在二审或者再审发回重审时提出管辖异议的，法院不予审查。当事人对管辖权有异议的，应当在提交答辩状期间提出，当事人未提出管辖异议并应诉答辩的，视为受诉法院有管辖权。由此可知，当事人在一审提交答辩状期间未提出管辖异议，在案件二审或者再审时才提出管辖权异议的，根据管辖恒定原则，案件管辖权已经确定，法院对此不予审查。本案是经审判监督程序发回一审法院重审的案件，虽然按照第一审程序审理，但是发回重审的案件并非一个初审案件，案件管辖权早已确定，因此法院不予审查九寨公司的管辖权异议，裁定驳回异议。

解题窍门：法院发回重审或者按第一审程序再审的案件，当事人提出管辖异议的，法院不予审查。

【案例拓展】 最高法指导案例第56号“韩凤彬诉内蒙古九郡药业有限责任公司等产品责任纠纷管辖权异议案”：当事人在一审提交答辩状期间未提出管辖异议，在二审或者再审发回重审时提出管辖异议的，人民法院不予审查。

重要法条链接

［合同纠纷的管辖法院］《民诉法》第23条　因合同纠纷提起的诉讼，由被告住所地或者合同履行地人民法院管辖。

［网购合同纠纷的地域管辖］《民诉解释》第20条　以

信息网络方式订立的买卖合同，通过信息网络交付标的的，以买受人住所地为合同履行地；通过其他方式交付标的的，收货地为合同履行地。合同对履行地有约定的，从其约定。

［侵权纠纷的管辖法院］《民诉法》第 28 条　因侵权行为提起的诉讼，由侵权行为地或者被告住所地人民法院管辖。

［产品质量侵权纠纷的管辖法院］《民诉解释》第 26 条　因产品、服务质量不合格造成他人财产、人身损害提起的诉讼，产品制造地、产品销售地、服务提供地、侵权行为地和被告住所地人民法院都有管辖权。

［四种专属管辖的特殊合同纠纷］《民诉解释》第 28 条第 2 款　农村土地承包经营合同纠纷、房屋租赁合同纠纷、建设工程施工合同纠纷、政策性房屋买卖合同纠纷，按照不动产纠纷确定管辖。

［被告就原告的情形］《民诉法》第 22 条　下列民事诉讼，由原告住所地人民法院管辖；原告住所地与经常居住地不一致的，由原告经常居住地人民法院管辖：

（一）对不在中华人民共和国领域内居住的人提起的有关身份关系的诉讼；

（二）对下落不明或者宣告失踪的人提起的有关身份关系的诉讼；

（三）对被采取强制性教育措施的人提起的诉讼；

（四）对被监禁的人提起的诉讼。

［协议管辖］《民诉法》第 34 条　合同或者其他财产权益纠纷的当事人可以书面协议选择被告住所地、合同履行地、合同签订地、原告住所地、标的物所在地等与争议有实

际联系的地点的人民法院管辖，但不得违反本法对级别管辖和专属管辖的规定。

［倾斜保护消费者］《民诉解释》第 31 条 经营者使用格式条款与消费者订立管辖协议，未采取合理方式提请消费者注意，消费者主张管辖协议无效的，人民法院应予支持。

［应诉管辖］《民诉法》第 127 条第 2 款 当事人未提出管辖异议，并应诉答辩的，视为受诉人民法院有管辖权，但违反级别管辖和专属管辖规定的除外。

［管辖恒定与管辖权异议的提出时间］《民诉解释》第 39 条 人民法院对管辖异议审查后确定有管辖权的，不因当事人提起反诉、增加或者变更诉讼请求等改变管辖，但违反级别管辖、专属管辖规定的除外。

人民法院发回重审或者按第一审程序再审的案件，当事人提出管辖异议的，人民法院不予审查。

［破产债务人诉讼的管辖］《企业破产法》第 21 条 人民法院受理破产申请后，有关债务人的民事诉讼，只能向受理破产申请的人民法院提起。

第五讲　当事人与诉讼代理人

【考点提示】

基本概念	诉讼权利能力、诉讼行为能力、适格当事人
当事人的确定	分支机构行为；职务行为；个体工商户；个人合伙；劳务派遣；挂靠关系；冒用、借用法人名称；机动车使用人责任；安保义务；一般保证与连带保证；无、限人致害案件；各种公司诉讼；航空旅客运输合同纠纷
共同诉讼	必要共同诉讼 VS 普通共同诉讼
代表人诉讼	人数确定的 VS 人数不确定的：诉讼代表人的选出、权限、程序、裁判效力
诉讼第三人	有独三 VS 无独三：参诉依据、参诉方式、权利义务
第三人撤销之诉	适用条件、程序规则及法律效力（诉讼地位、适用对象、管辖法院、审判组织、审理程序、裁判方式）；三撤 VS 执行异议 VS 案外人再审
民事公益诉讼	原告资格、起诉条件、管辖、告知义务、释明权、审理程序、审判组织、禁止反诉、撤诉、调解与和解、与私权的关系、公益诉权主体的相互关系
	检察民事公益诉讼的专门规定
诉讼代理人	委托代理人的资格范围；一般授权与特别授权；离婚案件的特殊规定

【知识点激活】

诉讼权利能力与诉讼行为能力	有民事权利能力就有民事诉讼权利能力；只有具备完全民事行为能力，才有民事诉讼行为能力
适格当事人	实体法律关系的直接主体/直接利害关系人 + 例外情形（诉讼担当）
当事人的确定	职务行为：职务身份 + 履职行为 – 单位责任
	个体工商户：有字号的 – 字号为当事人；实际经营者与登记经营者不一致 – 共同被告
	个人合伙：全体合伙人作为共同当事人
	劳务派遣：原则上用工单位是被告；用人单位有过错的 – 共同被告
	无、限人致他人损害：无、限人 + 其监护人
	挂靠关系：原告怎么诉、被告怎么列
	村委会、有独立财产的村民小组
共同诉讼	必要共同诉讼 VS 普通共同诉讼：不可分之诉（同一诉讼标的）VS 可分之诉（同种类诉讼标的）
代表人诉讼	起诉时人数不确定的：公告、登记权利、裁判的拘束力
	不认可诉讼代表人：必要共同诉讼 – 亲自参诉；普通共同诉讼 – 另行起诉
诉讼第三人	有独三：独立的诉讼请求 + 起诉 + 双重反对 + 本诉撤回不影响有独三
	无独三：法律上利害关系 + 依申请或依通知 + 诉讼权利的有限性

续表

第三人撤销之诉	事后特殊救济；管辖－作出原生效判决、裁定、调解书的法院；一审普通程序＋合议制；可撤销、可确权；原则上再审吸收三撤；先三撤、后执行异议或先执行异议、后案外人再审
民事公益诉讼	不要求实际损害；法律规定的机关和组织（环保组织、消协）；中级法院管辖为原则；立案后 10 日内书面告知相关行政机关；对诉讼请求的释明权；禁止反诉；可调解、可和解（先公告、后审查）；撤诉条件；公益诉讼与私益诉权并行不悖
	检察民事公益诉讼：后顺位主体（诉前公告）＋派员出庭＋移送执行
委托代理人	三类主体；特别授权－承认、放弃、变更诉讼请求＋和解＋反诉＋上诉
	离婚案件原则上须亲自参与

重点突破

1. 确定原告与被告的常考情形

例 1

宋佳在“海下捞”酒店吃火锅，同在该店用餐的顾客刘小果（13 岁）因地面湿滑不慎摔倒，将其手中的一大碗热粥洒在了宋佳的身上，导致宋佳胳膊和大腿被烫伤、价值 5000 元的裙子污损。宋佳准备向法院提起诉讼。

请问：如何确定本案的当事人？

思路解析

宋佳是原告，酒店、刘小果以及刘小果的监护人是共同被告。依据《侵权责任法》第 37 条的规定：“宾馆、商场、银行、车站、娱乐场所等公共场所的管理人或者群众性活动的组织者，未尽到安全保障义务，造成他人损害的，应当承担侵权责任。因第三人的行为造成他人损害的，由第三人承担侵权责任；管理人或者组织者未尽到安全保障义务的，承担相应的补充责任。”本案中，宋佳的烫伤以及衣服毁损是第三人刘小果直接造成的，但刘小果是限制民事行为能力人，须将刘小果的监护人作为共同被告。此外，刘小果之所以会滑倒并将热粥洒到宋佳的身上，是因为酒店的地板湿滑，即酒店作为安全保障义务人没有尽到合理的注意义务和安保义务，因此酒店也属于共同被告。

例 2

大壮、二牛、三狗三人合伙开了一家洗车行，店名为“快又净洗车行”并依法登记。某日，顾客小白去店里洗车时，该店的洗车工四娃因操作不当导致小白的汽车后视镜破损，小白欲向法院提起诉讼。

请问：如何确定本案的被告？

思路解析

大壮、二牛、三狗为共同被告，并注明“快又净洗车行”字号。个人合伙的全体合伙人在诉讼中为共同诉讼人。个人合伙有依法核准登记的字号的，应在法律文书中注明登记的字号。四娃是洗车行的雇员，雇员责任由雇主承担，因此四娃不能作为被告。

解题窍门：切勿混淆个体工商户与个人合伙的规定，个体工商户如果有字号，就只以字号作为当事人；而未领取营业执照的个人合伙无论是否有字号，都应以全体合伙人作为共同诉讼人。

例3

阿舒是由飞腾设计公司派遣到大美艺术公司工作的人员，某次油画展上，阿舒在完成大美艺术公司分配的工作任务时不慎将参观画展的阿飞（15岁）砸伤。后因赔偿问题协商未果，阿飞欲向法院提起诉讼。

请问：本案中应当如何确定当事人？

思路解析

阿飞是原告，大美艺术公司是被告。依据《民诉解释》第58条的规定："在劳务派遣期间，被派遣的工作人员因执行工作任务造成他人损害的，以接受劳务派遣的用工单位为当事人。当事人主张劳务派遣单位承担责任的，该劳务派遣单位为共同被告。"依据民事实体法的相关规定，被派遣人的工作行为致他人损害的，接受劳务派遣的用工单位为被告；但劳务派遣单位有过错的，列为共同被告。本案中，大美艺术公司是用工单位，因此应当以其作为被告。

例4

2019年6月1日，丝丝（6岁）与母亲赵女士在"烂漫"亲子餐厅享用午餐时，精神病人黄某冲入该餐厅并将丝丝打伤，在与黄某的监护人王某以及餐厅协商无果的情况下，赵女士准备向法院提起诉讼。

请问：本案当中如何确定当事人？

思路解析

丝丝是原告；黄某、王某以及餐厅作为共同被告。本案属于人身侵权纠纷，黄某作为直接侵权人，自然是本案的被告，但因为黄某是精神病人，黄某的监护人王某是共同被告。餐厅作为公共场所在本案中是安保义务的主体，因此可以将餐厅作为共同被告。

解题窍门：在涉及无、限人（精神病人或未成年人）的侵权案件中，若无、限人做原告（受害方），其监护人是法定代理人；若无、限人做被告（加害方），无、限人及其监护人是共同被告。

【案例拓展】 最高法指导案例第51号“阿卜杜勒·瓦希德诉中国东方航空股份有限公司航空旅客运输合同纠纷案”：对航空旅客运输实际承运人提起的诉讼，可以选择对实际承运人或缔约承运人提起诉讼，也可以同时对实际承运人和缔约承运人提起诉讼。被诉承运人申请追加另一方承运人参加诉讼的，法院可以根据案件的实际情况决定是否准许。

2. 变更当事人

例5

党某诉范某借款诉讼过程中，党某将对范某因该借款而形成的债权转让给了韩某。之后，韩某向法院申请替代党某的诉讼地位。

请问：法院应当如何处理韩某的申请?

思路解析

法院可以根据案件的具体情况决定是否准许韩某的申请。（1）如果准许韩某的申请，则将韩某变更为原告，党某退出诉讼，但党某已经完成的诉讼行为对韩某有拘束力。（2）如果不准许韩某的申请，可以追加韩某作为无独三。

【考点提示】

在诉讼中，争议的民事权利义务转移的，不影响当事人的诉讼主体资格和诉讼地位。法院作出的发生法律效力的判决、裁定对受让人具有拘束力。受让人申请以无独立请求权的第三人身份参加诉讼的，法院可予准许。受让人申请替代当事人承担诉讼的，法院可以根据案件的具体情况决定是否准许；不予准许的，可以追加其为无独立请求权的第三人。法院准许受让人替代当事人承担诉讼的，裁定变更当事人。变更当事人后，诉讼程序以受让人为当事人继续进行，原当事人应当退出诉讼。原当事人已经完成的诉讼行为对受让人具有拘束力。

3. 代表人诉讼

例 6

香梅食品有限责任公司使用地沟油生产“辣条”并在甲市A区的多个大型超市销售。该市的很多消费者在食用该款“辣条”后出现了食物中毒等不良反应，其中甲、乙、丙等30多位消费者提起了人身侵权损害赔偿诉讼，但未能推选出诉讼代表人。法院建议由乙和丙作为诉讼代表人，但甲和戊等5人反对。

请问：此时应当如何处理？如果甲和戊等5人退出了该代表人诉讼，那么本案的裁判对这5人是否有拘束力？请简要说明理由。

思路解析

依据《民诉解释》第77条的规定，在人数不确定的代表人诉讼中，诉讼代表人由当事人推选；当事人推选不出的，由法院提出人选与当事人协商，协商不成的，也可以由人民法院在起诉的当事人中指定代表人。由此可知，以普通共同诉讼为基础的代表人诉讼中，如果无法推举出诉讼代表人，由法院组织协商，若协商无果则由法院指定，但如果对法院最终指定的代表人也不满意，此时可以退出该代表人诉讼而另行起诉。人数不确定的代表人诉讼中，未登记参加代表人诉讼的权利人可以另行起诉；另行起诉的，法院认定其请求成立的，裁定适用法院之前已作出的判决。依此，本案中甲和戊等5人应当退出代表人诉讼，另行起诉，但其须受该代表人诉讼中生效裁判的拘束，法院如果认定该5人的请求成立，会裁定适用法院在代表人诉讼中作出的判决。

解题窍门：起诉时人数不确定的代表人诉讼，其生效裁判对后诉具有拘束力。该种规定不仅可以节约司法资源，也可以保证“同案同判”。

4. 有独三与无独三

例7

曹欢和周玉就一块“劳力士”金表的所有权归属问题发生争议而提起确权诉讼，在诉讼进行过程中，案外人刘香得知此事，遂向法院起诉主张该手表的所有权，法院同意刘香参加诉讼。之后曹欢经法院同意撤回起诉。

请问：此时如何处理刘香提起的诉讼？

思路解析

本题涉及有独三参加之诉与本诉的关系。有独三的参加之诉具有独立性，有独三参加诉讼后，原告申请撤诉，法院在准许原告撤诉后，有独三作为另案原告，原案原告、被告作为另案被告，诉讼继续进行。本案中，曹欢撤回了本诉，应以刘香作为另案原告，以曹欢和周玉作为另案被告，诉讼继续进行即可。

5. 第三人撤销之诉

例 8

2019 年 3 月，甲省 A 市中级法院对刘全与 W 公司的加工承揽合同纠纷案作出了二审判决。2019 年 7 月，袁芳以该判决损害其民事权益为由，向 A 市中级法院提起撤销之诉。在案件审理的过程中，因检察机关抗诉，甲省高级法院对该案启动了再审。

请问：此时应当如何处理袁芳提出的撤销诉讼？

思路解析

本题考查三撤与再审的关系。在审理三撤期间，法院对生效判决、裁定、调解书裁定再审的，受理三撤的法院应当裁定将第三人的诉讼请求并入再审程序。按照第一审程序再审的，法院应当对第三人的诉讼请求一并审理，所作的判决可以上诉；按照第二审程序再审的，法院可以调解，调解达不成协议的，应当裁定撤销原判决、裁定、调解书，发回一审法院重审，重审时应当列明第三人。依此，本案中袁芳的三撤应当并入再审，本案适用二审程序再审，因此法院可以调解，调解无法达成协议的，应当裁定撤销原判决，发回一审法院重审，重审时应当将袁芳列为第三人。

记忆窍门：三撤、执行异议、案外人申请再审——三者之间的关系，类似于地铁的两节车厢，可以前后两两相连，但不得三者并用。三撤与案外人再审之间的功能重合，决定了不可能同时适用三撤和案外人再审。

解题窍门：案外第三人权益的救济机制体系——(1) 诉中救济：有独三或无独三参诉；(2) 裁判生效后、

启动执行前的救济——第三人撤销之诉；（3）启动执行程序后的救济机制——第三人撤销之诉或者案外人再审。

【案例拓展】最高法院公报案例“张美云与朱忠民、田礼芳第三人撤销诉讼纠纷案”：债权人提起第三人撤销之诉，主张债务人与案外人通过另行提起的虚假诉讼获取调解书，并对债务人的财产采取保全措施且不实际执行，损害债权人的合法利益。经人民法院审理，认为债务人与案外人另行提起的民事诉讼属于虚假诉讼的，对于债权人的诉讼请求应当予以支持。

6. 民事公益诉讼

起诉条件	（1）原告是法律规定的机关和有关组织；（2）有明确的被告；（3）具体的诉讼请求和事实理由；（4）有社会利益受到损害的初步证据；（5）属于法院主管和受诉法院管辖
原告	法律规定的机关和有关组织（市级以上、专门从事环保公益活动、连续5年以上、无违法记录；中国消协和省级消协）
管辖	侵权行为地或被告住所地的中级法院管辖，但法律、司法解释另有规定的除外（环境民事公益诉讼—管辖权转移）
告知义务	法院受理公益诉讼案件后，应当在10日内书面告知相关行政主管部门
释明	法院认为原告的诉讼请求不足以保护社会公益的，可以向其释明变更或增加停止侵害、恢复原状等诉讼请求
自认限制	法院认为原告的自认损害社会公共利益的，应当不予确认
调解和解	达成协议后应将协议进行不少于30日的公告—公告期满后法院审查认为协议内容不损害社会公益的，应当出具调解书；反之，则继续审理并依法裁判
撤诉限制	原告在法庭辩论终结后申请撤诉的，法院原则上不予准许 撤诉条件：诉讼请求已经全部实现

续表

与其他民事公益诉权主体	(1) 开庭前申请参加诉讼，法院准许参诉的：共同原告； (2) 裁判发生法律效力后，其他享有公益诉权的主体针对同一侵权行为提起公益诉讼的：裁定不予受理，但法律、司法解释另有规定的除外
与私益诉权的关系	受理公益诉讼，不影响同一侵权行为的受害人依法提起私益诉讼
与支持起诉的关系	支持起诉主体 VS 公益诉权主体
反诉	公益诉讼中被告提出反诉的，法院不予受理
程序	一审普通程序 + 单一式合议制或陪审制

【案例拓展】

(1) 最高检指导案例第 28 号"许建惠、许玉仙民事公益诉讼案"：①侵权人因同一行为已经承担行政责任或者刑事责任的，不影响承担民事侵权责任。②专业技术问题，可以引入专家辅助人。专家意见经质证，可以作为认定事实的根据。

(2) 最高检指导案例第 51 号"曾云侵害英烈名誉案"：对侵害英雄烈士的姓名、肖像、名誉、荣誉，损害社会公共利益的行为人，英雄烈士近亲属不提起民事诉讼的，检察机关可以依法向人民法院提起公益诉讼，要求侵权人承担侵权责任。

重要法条链接

[挂靠关系]《民诉解释》第 54 条 以挂靠形式从事民事活动，当事人请求由挂靠人和被挂靠人依法承担民事责任

的，该挂靠人和被挂靠人为共同诉讼人。

[劳务关系]《民诉解释》第57条　提供劳务一方因劳务造成他人损害，受害人提起诉讼的，以接受劳务一方为被告。

[劳务派遣]《民诉解释》第58条　在劳务派遣期间，被派遣的工作人员因执行工作任务造成他人损害的，以接受劳务派遣的用工单位为当事人。当事人主张劳务派遣单位承担责任的，该劳务派遣单位为共同被告。

[个体工商户]《民诉解释》第59条　在诉讼中，个体工商户以营业执照上登记的经营者为当事人。有字号的，以营业执照上登记的字号为当事人，但应同时注明该字号经营者的基本信息。

营业执照上登记的经营者与实际经营者不一致的，以登记的经营者和实际经营者为共同诉讼人。

[个人合伙]《民诉解释》第60条　在诉讼中，未依法登记领取营业执照的个人合伙的全体合伙人为共同诉讼人。个人合伙有依法核准登记的字号的，应在法律文书中注明登记的字号。全体合伙人可以推选代表人；被推选的代表人，应由全体合伙人出具推选书。

[无、限人致人损害]《民诉解释》第67条　无民事行为能力人、限制民事行为能力人造成他人损害的，无民事行为能力人、限制民事行为能力人和其监护人为共同被告。

[村委会和村民小组]《民诉解释》第68条　村民委员会或者村民小组与他人发生民事纠纷的，村民委员会或者有独立财产的村民小组为当事人。

[变更当事人]《民诉解释》第249条　在诉讼中，争

议的民事权利义务转移的，不影响当事人的诉讼主体资格和诉讼地位。人民法院作出的发生法律效力的判决、裁定对受让人具有拘束力。

受让人申请以无独立请求权的第三人身份参加诉讼的，人民法院可予准许。受让人申请替代当事人承担诉讼的，人民法院可以根据案件的具体情况决定是否准许；不予准许的，可以追加其为无独立请求权的第三人。

《民诉解释》第250条 依照本解释第二百四十九条规定，人民法院准许受让人替代当事人承担诉讼的，裁定变更当事人。

变更当事人后，诉讼程序以受让人为当事人继续进行，原当事人应当退出诉讼。原当事人已经完成的诉讼行为对受让人具有拘束力。

［民事公益诉讼的适用范围和原告］《民诉法》第55条 对污染环境、侵害众多消费者合法权益等损害社会公共利益的行为，法律规定的机关和有关组织可以向人民法院提起诉讼。

人民检察院在履行职责中发现破坏生态环境和资源保护、食品药品安全领域侵害众多消费者合法权益等损害社会公共利益的行为，在没有前款规定的机关和组织或者前款规定的机关和组织不提起诉讼的情况下，可以向人民法院提起诉讼。前款规定的机关或者组织提起诉讼的，人民检察院可以支持起诉。

［民事公益诉讼的管辖］《民诉解释》第285条 公益诉讼案件由侵权行为地或者被告住所地中级人民法院管辖，但法律、司法解释另有规定的除外。

因污染海洋环境提起的公益诉讼，由污染发生地、损害结果地或者采取预防污染措施地海事法院管辖。

对同一侵权行为分别向两个以上人民法院提起公益诉讼的，由最先立案的人民法院管辖，必要时由它们的共同上级人民法院指定管辖。

［公益诉讼与私益诉讼的关系］《民诉解释》第288条 人民法院受理公益诉讼案件，不影响同一侵权行为的受害人根据民事诉讼法第一百一十九条规定提起诉讼。

［公益诉讼的调解与和解］《民诉解释》第289条 对公益诉讼案件，当事人可以和解，人民法院可以调解。

当事人达成和解或者调解协议后，人民法院应当将和解或者调解协议进行公告。公告期间不得少于三十日。

公告期满后，人民法院经审查，和解或者调解协议不违反社会公共利益的，应当出具调解书；和解或者调解协议违反社会公共利益的，不予出具调解书，继续对案件进行审理并依法作出裁判。

［第三人撤销之诉的适用条件］《民诉法》第56条第3款 前两款规定的第三人（有独三和无独三），因不能归责于本人的事由未参加诉讼，但有证据证明发生法律效力的判决、裁定、调解书的部分或者全部内容错误，损害其民事权益的，可以自知道或者应当知道其民事权益受到损害之日起六个月内，向作出该判决、裁定、调解书的人民法院提起诉讼。人民法院经审理，诉讼请求成立的，应当改变或者撤销原判决、裁定、调解书；诉讼请求不成立的，驳回诉讼请求。

［不能适用三撤的情形］《民诉解释》第297条 对下

列情形提起第三人撤销之诉的，人民法院不予受理：

（一）适用特别程序、督促程序、公示催告程序、破产程序等非讼程序处理的案件；

（二）婚姻无效、撤销或者解除婚姻关系等判决、裁定、调解书中涉及身份关系的内容；

（三）民事诉讼法第五十四条规定的未参加登记的权利人对代表人诉讼案件的生效裁判；

（四）民事诉讼法第五十五条规定的损害社会公共利益行为的受害人对公益诉讼案件的生效裁判。

［三撤中的诉讼地位］《民诉解释》第298条 第三人提起撤销之诉，人民法院应当将该第三人列为原告，生效判决、裁定、调解书的当事人列为被告，但生效判决、裁定、调解书中没有承担责任的无独立请求权的第三人列为第三人。

［审理三撤后的处理方式］《民诉解释》第300条 对第三人撤销或者部分撤销发生法律效力的判决、裁定、调解书内容的请求，人民法院经审理，按下列情形分别处理：

（一）请求成立且确认其民事权利的主张全部或部分成立的，改变原判决、裁定、调解书内容的错误部分；

（二）请求成立，但确认其全部或部分民事权利的主张不成立，或者未提出确认其民事权利请求的，撤销原判决、裁定、调解书内容的错误部分；

（三）请求不成立的，驳回诉讼请求。

对前款规定裁判不服的，当事人可以上诉。

原判决、裁定、调解书的内容未改变或者未撤销的部分继续有效。

［三撤与再审的关系］《民诉解释》第 301 条 第三人撤销之诉案件审理期间，人民法院对生效判决、裁定、调解书裁定再审的，受理第三人撤销之诉的人民法院应当裁定将第三人的诉讼请求并入再审程序。但有证据证明原审当事人之间恶意串通损害第三人合法权益的，人民法院应当先行审理第三人撤销之诉案件，裁定中止再审诉讼。

《民诉解释》第 302 条 第三人诉讼请求并入再审程序审理的，按照下列情形分别处理：

（一）按照第一审程序审理的，人民法院应当对第三人的诉讼请求一并审理，所作的判决可以上诉；

（二）按照第二审程序审理的，人民法院可以调解，调解达不成协议的，应当裁定撤销原判决、裁定、调解书，发回一审法院重审，重审时应当列明第三人。

［三撤、执行异议、案外人再审的关系］《民诉解释》第 303 条 第三人提起撤销之诉后，未中止生效判决、裁定、调解书执行的，执行法院对第三人依照民事诉讼法第二百二十七条规定提出的执行异议，应予审查。第三人不服驳回执行异议裁定，申请对原判决、裁定、调解书再审的，人民法院不予受理。

案外人对人民法院驳回其执行异议裁定不服，认为原判决、裁定、调解书内容错误损害其合法权益的，应当根据民事诉讼法第二百二十七条规定申请再审，提起第三人撤销之诉的，人民法院不予受理。

［实体法相关规范链接］

《著作权法》第 8 条第 1 款 著作权人和与著作权有关的权利人可以授权著作权集体管理组织行使著作权或者与著

作权有关的权利。著作权集体管理组织被授权后，可以以自己的名义为著作权人和与著作权有关的权利人主张权利，并可以作为当事人进行涉及著作权或者与著作权有关的权利的诉讼、仲裁活动。

《保险法解释（四）》第13条 保险人提起代位求偿权之诉时，被保险人已经向第三者提起诉讼的，人民法院可以依法合并审理。

保险人行使代位求偿权时，被保险人已经向第三者提起诉讼，保险人向受理该案的人民法院申请变更当事人，代位行使被保险人对第三者请求赔偿的权利，被保险人同意的，人民法院应予准许；被保险人不同意的，保险人可以作为共同原告参加诉讼。

《公司法解释（二）》第2条 股东提起解散公司诉讼，同时又申请人民法院对公司进行清算的，人民法院对其提出的清算申请不予受理。人民法院可以告知原告，在人民法院判决解散公司后，依据公司法第一百八十三条和本规定第七条的规定，自行组织清算或者另行申请人民法院对公司进行清算。

《公司法解释（二）》第4条 股东提起解散公司诉讼应当以公司为被告。

原告以其他股东为被告一并提起诉讼的，人民法院应当告知原告将其他股东变更为第三人；原告坚持不予变更的，人民法院应当驳回原告对其他股东的起诉。

原告提起解散公司诉讼应当告知其他股东，或者由人民法院通知其参加诉讼。其他股东或者有关利害关系人申请以共同原告或者第三人身份参加诉讼的，人民法院应予准许。

《公司法解释（四）》第3条 原告请求确认股东会或者股东大会、董事会决议不成立、无效或者撤销决议的案件，应当列公司为被告。对决议涉及的其他利害关系人，可以依法列为第三人。

一审法庭辩论终结前，其他有原告资格的人以相同的诉讼请求申请参加前款规定诉讼的，可以列为共同原告。

《公司法解释（四）》第13条 股东请求公司分配利润案件，应当列公司为被告。

一审法庭辩论终结前，其他股东基于同一分配方案请求分配利润并申请参加诉讼的，应当列为共同原告。

《最高人民法院关于审理建设工程施工合同纠纷案件适用法律问题的解释（二）》第25条 实际施工人根据合同法第七十三条规定，以转包人或者违法分包人怠于向发包人行使到期债权，对其造成损害为由，提起代位权诉讼的，人民法院应予支持。

《最高人民法院关于审理医疗损害责任纠纷案件适用法律若干问题的解释》第2条 患者因同一伤病在多个医疗机构接受诊疗受到损害，起诉部分或者全部就诊的医疗机构的，应予受理。

患者起诉部分就诊的医疗机构后，当事人依法申请追加其他就诊的医疗机构为共同被告或者第三人的，应予准许。必要时，人民法院可以依法追加相关当事人参加诉讼。

《最高人民法院关于审理医疗损害责任纠纷案件适用法律若干问题的解释》第3条 患者因缺陷医疗产品受到损害，起诉部分或者全部医疗产品的生产者、销售者和医疗机构的，应予受理。

患者仅起诉医疗产品的生产者、销售者、医疗机构中部分主体，当事人依法申请追加其他主体为共同被告或者第三人的，应予准许。必要时，人民法院可以依法追加相关当事人参加诉讼。

患者因输入不合格的血液受到损害提起侵权诉讼的，参照适用前两款规定。

《最高人民法院关于审理融资租赁合同纠纷案件适用法律问题的解释》第24条 出卖人与买受人因买卖合同发生纠纷，或者出租人与承租人因融资租赁合同发生纠纷，当事人仅对其中一个合同关系提起诉讼，人民法院经审查后认为另一合同关系的当事人与案件处理结果有法律上的利害关系的，可以通知其作为第三人参加诉讼。

承租人与租赁物的实际使用人不一致，融资租赁合同当事人未对租赁物的实际使用人提起诉讼，人民法院经审查后认为租赁物的实际使用人与案件处理结果有法律上的利害关系的，可以通知其作为第三人参加诉讼。

承租人基于买卖合同和融资租赁合同直接向出卖人主张受领租赁物、索赔等买卖合同权利的，人民法院应通知出租人作为第三人参加诉讼。

《公司法解释（三）》第21条 当事人向人民法院起诉请求确认其股东资格的，应当以公司为被告，与案件争议股权有利害关系的人作为第三人参加诉讼。

第六讲　民事诉讼辅助和保障制度

【知识点激活】

期间	申请顺延期限：正当理由 + 障碍消除后 10 日内 + 法院决定
送达	直接送达：不限于交给受送达人本人；离婚诉讼不能交给受送达人配偶
	留置送达：电子见证或见证人见证；调解书不得留置送达
	电子送达：受送达人同意；判决书、裁定书、调解书不得电子送达
	公告送达：调解书、支付令不得公告送达；简易程序不得公告送达
保全	诉前保全：依申请 + 必须担保（等额担保） +30 日起诉
	诉中保全：依申请或依职权 + 可以担保（不超过 30%）
	执行前保全：裁判生效后、履行期限届满前 + 履行期届满后 5 日内申请执行
	知识产权纠纷的行为保全/临时禁令
	保全错误的认定及损害赔偿
先予执行	适用范围有限 + 依申请 + 诉中 + 担保非必须
强制措施	训诫、责令退出法庭－合议庭或独任审判员
	罚款、拘传、拘留均须院长批准，拘传用拘传票，罚款、拘留用决定书

重点突破

1. 期间与送达

请辨析法院的下列做法是否合法：①

（1）甲起诉乙返还借款5000元，法院适用小额诉讼程序进行审理，后因无法获知被告的准确地址信息，法院向被告公告送达了判决书。

（2）经过原告万某的同意，法院用微信的方式向其送达了先予执行裁定书。

（3）A区法院向黄某送达支付令时，因其拒不签收，法院对支付令进行了留置送达。

（4）法院在审理任某与范某的交通事故损害赔偿纠纷时，委托范某所在的某通信公司代为送达答辩状副本。

例1

因借用合同纠纷，张大将张二诉至法院，张二收到起诉状副本后制作了长达两万余字的答辩状，但在去法院提交答辩状的路上突发心肌梗塞，待对其抢救苏醒时已经超过了答辩期三天。

请问：此时张二还能否向法院提交他的答辩状？为什么？

---

① 解析：

（1）该做法错误。小额诉讼不得适用公告送达。

（2）该做法错误。无论当事人是否同意，判决书、裁定书、调解书一律不得电子送达。

（3）该做法合法。支付令可以留置送达，但不能公告送达。

（4）该做法错误。委托送达的受委托主体只能是法院，通信公司不能作为委托送达的主体。

思路解析

当事人因不可抗拒的事由或者其他正当理由耽误期限的，在障碍消除后的10日内，可以申请顺延期间，但是否同意，由法院决定。本案中张二因突发心肌梗塞而耽误了答辩期，属于有正当理由而耽误期限，张二可以在其清醒后的10日内向法院申请顺延期限，但张二只有申请权，是否准许顺延由法院决定。

2. 保全与先予执行

例2

丙市T区法院在对杨勋与陈乐的委托加工合同纠纷案进行审理后作出一审判决，要求被告陈乐在判决生效后的30日向杨勋支付拖欠的加工费10万元。对该判决双方均未上诉，但在判决履行期内，杨勋发现陈乐正在转移自己名下的财产。

请问：此时杨勋应当如何救济自身的合法权益？

思路解析

法律文书生效后，进入执行程序前，债权人因对方当事人转移财产等紧急情况，不申请保全将可能导致生效法律文书不能执行或者难以执行的，可以向执行法院申请采取保全措施。债权人在法律文书指定的履行期间届满后5日内不申请执行的，法院应当解除保全。本案中的履行期限为30日，在履行期限内陈乐便开始转移财产，此时杨勋还不符合申请启动执行程序的条件，但其可以向执行法院申请执行前保全，如果法院裁定准许保全，则杨勋应当在履行期限届满后的5日内向法院申请执行。

【案例拓展】

(1) 上海普鑫投资管理咨询有限公司诉中银国际证券有限责任公司财产损害赔偿纠纷案：有义务协助法院采取保全措施的第三人，恶意侵害保全申请人的债权，拒不协助保全，或者采取其他措施妨害保全，导致最终裁判文书无法执行，申请人债权无法实现而受到损害的，该第三人应当对申请人承担侵权行为损害赔偿责任。

(2) 许赞有因申请停止侵害专利权损害责任纠纷案：根据我国民事诉讼法的立法精神，申请人最终败诉应当是申请错误的认定标准之一。

(3) 杨季康申请责令停止拍卖钱钟书书信手稿案：中贸圣佳公司在涉案钱钟书书信手稿的权利人杨季康明确表示不同意公开书信手稿的情况下，即将实施公开预展、公开拍卖的行为构成对著作权人发表权的侵犯。如不及时制止，将给权利人造成难以弥补的损害。此外，发表权是著作权人行使和保护其他权利的基础，一旦作品被非法发表，极易导致权利人对其他复制、发行等行为难以控制。

重要法条链接

［申请保全错误的认定标准］《最高人民法院关于审查知识产权纠纷行为保全案件适用法律若干问题的规定》第16条　有下列情形之一的，应当认定属于民事诉讼法第一百零五条规定的“申请有错误”：

（一）申请人在采取行为保全措施后三十日内不依法提起诉讼或者申请仲裁；

（二）行为保全措施因请求保护的知识产权被宣告无效

等原因自始不当；

（三）申请责令被申请人停止侵害知识产权或者不正当竞争，但生效裁判认定不构成侵权或者不正当竞争；

（四）其他属于申请有错误的情形。

第七讲　法院调解

【考点提示】

适用范围	不得调解的情形；应当先行调解的情形
具体程序和规则	调解的时间、方式、协议的范围、离婚案件的调解；调解书与调解协议；不需要制作调解书的情形；可制作判决书的情形；担保人拒签调解书的后果
诉讼和解	诉讼和解的效力

【知识点激活】

性质	法院行使审判权的具体方式之一，调解书与生效判决具有同等效力
适用范围	不适用调解的情形：三大类非讼案件 + 身份关系确认案件 + 执行程序
适用时间	立案前先行调解/诉前调解 + 审前调解 + 庭审调解
调解过程	不公开为原则、公开为例外（当事人同意公开）
调解协议	协议内容不公开为原则、公开为例外（为保护“三益”）
法律效力	调解协议内容可以超出诉讼请求范围 + 二审调解结案的必须制作调解书（一审裁判视为被撤销）
文书转化	诉讼和解的协议可以转化为调解书，但绝对不能转化为判决书 制作判决书的两种例外情形：无民事行为能力人的离婚案件 + 涉外案件中的调解

重点突破

1. 二审中的诉讼和解——三种选择

例 1

甲公司与乙公司因水泥买卖合同的履行发生纠纷而诉至法院，甲公司请求法院判令乙公司赔偿因违约行为所造成的损失共计50万元，一审法院判决支持了甲公司的诉讼请求。乙公司不服，提出上诉。在二审中，甲公司与乙公司达成和解协议，约定乙公司用自己的一组生产设备来抵偿50万元的违约赔偿金。

请问：在达成该和解协议后，甲公司和乙公司有哪些可选的方案？

思路解析

甲公司与乙公司在二审中达成和解协议后，有以下三种可选方案：

（1）乙公司可以申请撤回上诉，之后若和解协议未被履行，甲公司可以申请法院依照一审判决进行强制执行。

（2）甲公司和乙公司可以申请法院依据和解协议制作调解书，自调解书送到生效之日起，一审判决视为被撤销。该调解书具有执行力。

（3）在甲公司和乙公司均同意的情况下，可以在二审中既撤回上诉，也撤回起诉，但之后不得再次起诉。

解题窍门：当事人在二审中达成和解的，有三种可选方案——（1）撤回上诉，若当事人不履行和解协议，可申请法院执行一审判决；（2）请求法院依据和解协议制作调解书结案；（3）在当事人均同意的情况下，同时撤回上诉和起诉。

2. 法院调解的程序和效力

例2

无锡的兴旺公司与日本的大乔公司因配件买卖合同的履行发生争议而诉至法院，原告兴旺公司要求被告大乔公司支付拖欠的配件款150万元。在法院的主持下，双方达成了调解协议，协议约定：大乔公司在协议生效后的15日内向兴旺公司支付150万元的货款本金，同时另付2万元利息。为保证协议的履行，双方约定由君澜公司为大乔公司提供担保，君澜公司同意。法院据此制作调解书送达各方，但君澜公司反悔拒绝签收。

结合本案，请回答下列问题：

（1）本案中调解协议的内容是否合法？是否违反了处分原则的基本要求？

（2）君澜公司拒签调解书是否会影响调解书生效？君澜公司是否还需要承担担保责任？

（3）如果兴旺公司申请法院依据该调解协议制作判决书，法院应否准许？为什么？

思路解析

（1）本案中调解协议的内容合法。调解协议的范围超出诉讼请求范围的，法院可以准许，不违反处分原则。

（2）担保人拒签调解书，不会影响调解书的生效，也不会因此免除其担保义务。

（3）本案属于涉外诉讼中的调解，可以申请法院依据调解协议制作判决书，法院应当准许。

重要法条链接

[不得调解的情形]《民诉解释》第143条 适用特别程序、督促程序、公示催告程序的案件，婚姻等身份关系确认案件以及其他根据案件性质不能进行调解的案件，不得调解。

[调解的保密性]《民诉解释》第146条 人民法院审理民事案件，调解过程不公开，但当事人同意公开的除外。

调解协议内容不公开，但为保护国家利益、社会公共利益、他人合法权益，人民法院认为确有必要公开的除外。

主持调解以及参与调解的人员，对调解过程以及调解过程中获悉的国家秘密、商业秘密、个人隐私和其他不宜公开的信息，应当保守秘密，但为保护国家利益、社会公共利益、他人合法权益的除外。

[调解协议与判决书]《民诉解释》第148条 当事人自行和解或者调解达成协议后，请求人民法院按照和解协议或者调解协议的内容制作判决书的，人民法院不予准许。

无民事行为能力人的离婚案件，由其法定代理人进行诉讼。法定代理人与对方达成协议要求发给判决书的，可根据协议内容制作判决书。

[调解书的生效时间]《民诉解释》第149条 调解书需经当事人签收后才发生法律效力的，应当以最后收到调解书的当事人签收的日期为调解书生效日期。

［无独三拒签调解书的后果］《民诉解释》第150条

人民法院调解民事案件，需由无独立请求权的第三人承担责任的，应当经其同意。该第三人在调解书送达前反悔的，人民法院应当及时裁判。

第八讲　民事诉讼证据与证明

【考点提示】

证据的法定种类	书证 VS 物证；视听资料 VS 电子数据；证人证言（保证书制度、可以不出庭的情形、作证费用的负担）；鉴定意见（鉴定人的出庭义务）；专家辅助人（主要功能、法律地位）
学理分类	本证 VS 反证；直接证据 VS 间接证据；原始证据 VS 传来证据
免证事实	预决事实；自认（适用范围、不构成自认的情形、法律效力）
证明责任	基本理论；具体案件中证明责任的分配（合同纠纷、侵权纠纷、举证责任倒置）
证明标准	适用排除合理怀疑标准的情形
证明程序	取证：法院依职权调取证据的情形
	举证：举证期限的确定；逾期举证的法律后果
	质证：不公开质证的情形 VS 不质证的情形
	认证：补强规则；文书提出命令；非法证据排除规则

【知识点激活】

证据的法定种类	书证 VS 物证：思想和内容 VS 外在物理客观属性
	视听资料 VS 电子数据：存储在电子介质中的录音资料和影像资料，适用电子数据的规定
	证人证言：个人或单位均可；证人作证须签保证书；出庭作证为原则、不出庭作证为例外；作证费用谁申请、谁垫付、谁败诉、谁最终承担
	鉴定意见：两种情形须出庭，否则双重不利后果

续表

证据的法定种类	专家辅助人：依申请；不回避；对专业问题发表的意见视为当事人的陈述；费用谁申请、谁承担
证据的学理分类	区分本证与反证的“三步法”
	直接证据 VS 间接证据：能否单独、直接证明待证事实
	原始证据 VS 传来证据：证据的来源
自认	自认 VS 认诺：承认事实 VS 承认诉讼请求；明示自认或默示自认、书面自认或口头自认；不适用自认的情形；撤回自认的条件
证明责任	基本理论：法定性 + 主体为当事人 + 真伪不明 + 一方负担
	分配证明责任的“三步法”：定性→归责原则→有无倒置的规定/免证事实
	举证责任倒置的常见情形：（1）新产品制造方法发明专利；（2）环境侵权、共同危险行为；（3）建筑物、构筑物、悬挂物、搁置物、堆放物致害案件；（4）一人公司法人格否认；（5）耐用商品瑕疵纠纷；（6）执行异议之诉
证明标准	高度盖然性标准为原则、排除合理怀疑标准为例外
	适用排除合理怀疑标准的情形：（1）对欺诈、胁迫、恶意串通事实的证明；（2）对口头遗嘱或者赠与事实的证明
证明程序	举证期限：一审普通程序 - 不得少于 15 日；二审提供新证据 - 不得少于 10 日；简易程序 - 不得超过 15 日；小额诉讼 - 一般不超过 7 日
	逾期举证的法律后果：故意或重大过失 - 原则上不予采纳 + 与认定案件基本事实有关的：应当采纳但同时要训诫、罚款；非故意或重大过失 - 采纳但同时训诫
	不公开质证的情形：涉及国家秘密、商业秘密和个人隐私或法律规定其他证据
	文书提出命令：书证 + 举证期限届满前 + 书面申请 + 费用谁申请谁承担 + 不利推定
	非法证据排除规则：严重侵害他人合法权益、违反法律禁止性规定或严重违背公序良俗

1. 法定证据之书证、物证、视听资料、电子数据

请判断以下证据的法定种类：[①]

（1）甲驾驶私家车与公交车发生碰撞，交警到达现场后用数码相机拍摄了当时的碰撞情况并将之存储在移动硬盘上，该照片属于何种证据？

（2）甲起诉乙返还借款3万元，并向法院提交了乙向甲借款时所发的电子邮件以及微信转账记录，电邮和微信记录属于何种证据？

（3）某日，甲骑电动车将乙撞倒并导致乙小腿粉碎性骨折，在协商无果的情况下，乙将甲诉至法院，要求其承担侵权损害赔偿责任，并向法院提交了市人民医院的X光片。请问该X光片属于何种证据？

（4）甲在机场候机时，其行李箱被乙偷偷拿走，但该过程被机场的数码监控设备完整拍摄了下来，甲遂将乙诉至法院并向法院提交了该段视频，该视频属于何种证据？

2. 证人证言

例1

某日，刘广带着自己的儿子刘小毛（7周岁）在公园玩耍，偶遇同在公园玩耍的小飞（8周岁）、小明（12周岁）

---

① 解析：

（1）该照片形成在数码相机这一电子介质上，属于电子数据。

（2）电邮和微信记录均属于电子数据。

（3）该X光片属于视听资料，因为没有存储或形成在电子介质上，而是在胶片上，也不能在虚拟空间传播。

（4）该视频属于电子数据。

和大苗（14 周岁）。几个孩子在一起玩水枪的过程中发生争抢，刘小毛的脸被大苗抓伤，刘广决定将大苗诉至法院要求其赔偿医疗费等损失共计 5000 元。在举证期限届满前三天，刘广向法院申请事发时在场的小飞和小明出庭作证（小明系大苗的亲弟弟），法院准许其申请。开庭时，法院要求两位证人签署保证书，但二人均未签署，之后法院仍然允许小飞和小明出庭作证。

结合本案，请回答下列问题：

（1）如何确定本案的当事人？

（2）小飞和小明是否具备作证资格？为什么？

（3）在小飞和小明均未签署保证书的情况下，法院仍允许二人出庭作证的做法是否合法？为什么？

（4）小飞和小明所提供的证言，是否需要补强？二人为作证所支出的相关费用，应当由谁承担？

思路解析

（1）本案的原告是刘小毛，被告是大苗及大苗的监护人。

（2）小飞和小明都可以作证人，因为二人亲历了案件的全过程，属于了解案情的人。

（3）小飞和小明都不是完全民事行为能力人，因此二人不用签署保证书，法院允许二人出庭作证的做法合法。

（4）小明是被告大苗的弟弟，因此小明与当事人有利害关系，其证人证言不能单独作为认定案件事实的依据。二人的作证费用由申请方即原告垫付，由败诉方最终承担。

解题窍门：证人作证须签保证书，但无、限人除外。证人作证费用的负担原则是“谁申请、谁垫付、谁败诉、谁最终承担”。

3. 鉴定意见与专家辅助人制度

例 2

三盛建筑公司与茂名公司因建设工程施工合同的履行发生争议而诉至法院，在案件的审理过程中，工程质量是否达标这一问题成为双方争议的焦点。依据三盛建筑公司的申请，F 鉴定中心出具了鉴定意见，认定该工程的质量符合相关标准和要求，但茂名公司对此提出异议，并申请某大学土木工程系的黄教授出庭对工程质量所涉及的专业问题发表意见。

结合本案，请回答下列问题：

（1）F 鉴定中心出具该鉴定意见的鉴定人员，此时负有什么义务？

（2）如果法院得知黄教授是茂名公司董事长的妻子，那么法院能否准许黄教授出庭？为什么？黄教授出庭的相关费用如何承担？

（3）黄教授在法庭上对专业问题所发表的意见，具备何种法律地位？

（4）在庭审中，三盛建筑公司可否对黄教授进行询问？

思路解析

（1）当事人对鉴定意见有异议或者法院认为鉴定人有必要出庭的，鉴定人应当出庭。当事人茂名公司对鉴定意见有异议，因此鉴定人员负有出庭义务。

（2）黄教授在本案中的地位是专家辅助人，专家辅助人不适用回避制度，因此法院可以准许黄教授出庭。黄教授出庭的相关费用由提出申请的当事人，也就是茂名公司承担。

（3）专家辅助人黄教授在庭上对专业性问题所发表的意见，视为当事人的陈述。

（4）经法庭准许，当事人可以对出庭的具有专门知识的人进行询问，当事人各自申请的具有专门知识的人可以就案件中的有关问题进行对质。因此，在庭审中，三盛建筑公司可以询问专家辅助人黄教授。

	证人	**鉴定人**	**专家辅助人**
功能	对事实问题发表意见（感知、记忆、表述）	对专业性问题提出鉴定意见	对鉴定意见及其他专业性问题发表意见
参诉方式	依申请或依职权通知	依申请或依职权	依申请
费用	谁申请谁垫付、谁败诉谁最终承担	——	谁申请、谁承担
其他问题	保证书：不签不得作证	鉴定人应当出庭的情形：当事人对鉴定意见有异议或法院认为有必要	专家辅助人对专业性问题发表的意见，视为当事人的陈述
	出庭作证为原则、不出庭作证为例外；无正当理由拒不出庭的，证人证言不得单独作为定案依据	不出庭的双重后果：鉴定意见不得作为定案依据＋要求返还鉴定费用	双方当事人申请的专家辅助人可以对质

4. 免证事实：预决事实；自认

下列情形中，哪些可以产生自认的法律后果：①

（1）在某借款合同诉讼中，被告承认了原告所主张的借款事实，但该事实与法院查明的事实不一致。

（2）被告认可其与原告之间存在收养关系。

（3）在甲与乙的买卖合同纠纷中，被告乙为了促成调解而承认了原告甲所主张的事实，但最终二人未能达成调解协议。

（4）甲与乙人身侵权损害赔偿案的二审过程中，被上诉人乙在答辩状中对上诉人所主张的事实予以承认。

例 3

张晓红购买了 A 公司生产的美白产品，使用后出现了皮肤过敏等症状，张晓红遂向法院提起诉讼，要求 A 公司赔偿各项损失 1 万元并公开赔礼道歉。诉讼中，A 公司表示张晓红所出现的过敏情况与其美白产品没有任何关系。之后，张晓红向法院提交了其同事王小美诉 A 公司美白产品损害赔偿案的生效判决书，用以证明 A 公司生产的美白产品有质量问题且与其过敏损害存在因果关系。

结合上述案情，请问：如何分配原告和被告各自的证明责任？请简要说明理由。

---

① 解析：只有第（4）种可以产生自认的后果。第（1）种不构成自认，因为与法院查明的事实不符。第（2）种收养关系属于身份关系，不适用自认。第（3）种属于妥协自认，当事人为达成调解协议作出妥协而认可的事实，在调解未成功的情况下，不得在后续诉讼中作为对其不利的根据，但法律另有规定或当事人均同意的除外。第（4）种构成自认，作出自认的方式为书面自认。

思路解析

按照分配证明责任的“三步法”，第一步须“定性”，本案属于产品质量侵权诉讼。第二步须确定“归责原则”，产品质量纠纷采用无过错归责原则。第三步须检查有无举证责任倒置的特殊规定、有无免证事实。产品质量侵权案件中没有举证责任倒置的特殊规定，但本案中还存在一个已为法院发生法律效力的裁判所确认的事实。在王小美诉A公司产品损害赔偿案的生效判决书中，已经确认了因果关系要件的存在，因此因果关系要件作为预决事实属于免证事实。依此，本案中原告只需要证明两个要件：一是存在侵权行为；二是造成了损害后果。被告需要证明法定的减免责事由，若被告想推翻预决事实，还需证明原告所遭受损害与其产品质量之间没有因果关系。

5. 证明责任

例4

A工厂违法排放废水，导致在附近开设“农家乐”鱼湖的甲遭受严重损害，甲所养殖的鱼、虾等水产品均出现大面积死亡的情况。在多次沟通无果的情况下，甲将A工厂诉至法院要求其承担侵权损害赔偿责任共计8万元并停止排放废水的行为。

请问：本案中，甲和A工厂各自需要对哪些事项承担举证证明责任？其需要达到何种证明标准？

思路解析

在对具体案件中的证明责任进行分配时，应当首先确定案件的性质和类型，本案属于环境侵权纠纷。在“定性”

之后，需要确定该种侵权案件的归责原则，环境侵权纠纷适用无过错归责原则。最后一步要检查该种案件有没有举证责任倒置的特殊规定，依据《侵权责任法》的规定，环境侵权纠纷倒置因果关系要件。由此可知，本案中的因果关系要件倒置给被告证明，其他两个要件即侵权行为、损害后果由原告证明。本案的证明标准为高度盖然性标准。

例 5

小万路过小柳家门口时，被小柳堆放在门口的几个快递箱绊倒，导致尾骨骨裂，小万因此起诉小柳承担损害赔偿责任。

请问：本案中如何分配证明责任？

思路解析

在对具体案件中的证明责任进行分配时，应当首先确定案件的性质和类型，本题属于搁置物致害的侵权纠纷。在“定性”之后，需要确定该种侵权案件的归责原则，悬挂物、搁置物致害案件适用过错归责原则。最后一步要检查该种案件有没有举证责任倒置的特殊规定，依据《侵权责任法》的规定，悬挂物、搁置物致害案件倒置过错要件。由此可知，本案中的过错要件倒置给被告证明，其他三个要件（即侵权行为、损害后果、因果关系）由原告证明。

【案例拓展】“应高峰诉嘉美德（上海）商贸有限公司、陈惠美其他合同纠纷案”：在一人公司法人人格否认之诉中，应区分作为原告的债权人起诉所基于的事由。若债权人以一人公司的股东与公司存在财产混同为由起诉要求股东对公司债务承担连带责任，应实行举证责任倒置，由被告股东对其个人财产与公司财产之间不存在混同承担举证责任。而其他情形下需遵循关于有限责任公司法人人格否认举证责任分配的一般原则，即折衷的举证责任分配原则。

解题窍门：分配证明责任的“三步法”

第一步——先定性：合同纠纷 VS 侵权纠纷

第二步——如果是侵权纠纷，看归责原则（过错归责 VS无过错归责）

第三步——检查有无证明责任倒置的特殊规定；检查是否存在免证事实（自认、预决事实）

举证责任倒置的常见情形整合

（1）新产品制造方法发明专利侵权。

（2）环境侵权、共同危险行为——倒置因果关系要件。

（3）建筑物、构筑物、悬挂物、搁置物、堆放物致害案件——倒置过错要件。

（4）一人有限责任公司的股东不能证明公司财产独立于股东自己的财产的，应当对公司债务承担连带责任（《公司法》第63条）。

（5）经营者提供的机动车、计算机、电视机、电冰箱、空调器、洗衣机等耐用商品或者装饰装修等服务，消费者自接受商品或者服务之日起六个月内发现瑕疵，发生争议的，由经营者承担有关瑕疵的举证责任（《消费者权益保护法》第23条第3款）。

（6）执行异议之诉——案外人应就其对执行标的享有足以排除强制执行的民事权益承担举证证明责任。

6. 证明标准

请辨析下列说法：①

（1）某遗产继承诉讼中，原告甲对存在有效遗嘱这一事实的证明需要达到排除合理怀疑的标准。

（2）某买卖合同纠纷中，被告对其受到胁迫而签订合同这一事实的证明，需要达到高度盖然性的标准。

（3）某第三人撤销之诉中，原告黄某对两被告之间恶意串通、虚构纠纷提起诉讼这一事实的证明，需要达到高度盖然性的标准。

（4）法院在审理再审案件和民事公益诉讼案件时，应当采用排除合理怀疑的证明标准。

【案例拓展】 法院公报案例“孙卫与南通百川面粉有限公司不当得利纠纷案”：刑事判决认定的赃款数额并非等同于作案造成损失的范围，不能简单依据刑事判决认定赃款的数额确定损失范围。刑事案件与民事案件的证明标准不同，不应以刑事案件的高标准取代民事证明标准。

---

① 解析：

（1）该种说法错误。对口头遗嘱的证明才需要达到排除合理怀疑的证明标准。

（2）和（3）的说法均错误，对欺诈、胁迫、恶意串通事实的证明，需要达到排除合理怀疑的证明标准。

（4）该种说法错误。适用何种证明标准与案件的类型没有必然关联，民事案件原则上采用高度盖然性的证明标准，但两类情形须适用排除合理怀疑的证明标准：一是对欺诈、胁迫、恶意串通事实的证明；二是对口头遗嘱或者赠与事实的证明。

7. 证明程序：取证、举证、质证、认证

例 6

伟明起诉刘星返还借款 3 万元，并向法院提交了刘星亲笔书写的借条。刘星称，一个月前已经将借款全部返还，当时伟明还打了收条，但刘星未在法院要求的期限内提交该证据。法院一审判决刘星返还伟明借款 3 万元并支付利息 1500 元，刘星不服提出上诉并向法院提交了收条，称之前因为搬家导致在一审中没能找到该收条。

结合本案，请回答下列问题：

（1）本案中，伟明所提供的借条和刘星所提供的收条，分别是本证还是反证？直接证据还是间接证据？

（2）对于刘星在二审中才提交的收条，法院应当如何处理？

（3）本案中，法院是否存在违法之处？为什么？

思路解析

（1）借条和收条都是本证、直接证据。

（2）因为搬家没找到而迟交证据，不属于故意或重大过失，法院应当采纳证据，但在采纳证据的同时应当予以训诫。

（3）本案中一审法院超出原告的诉讼请求进行裁判，违反了处分原则。

解题窍门：区分本证与反证的“三步法”——第一步：证明对象即待证事实是什么？→第二步：该证明对象的法定证明责任主体应当是谁？→第三步：该证据实际上是由谁提出的？若由法定应当承担证明责任的主体提出，则是本证；

若由不承担证明责任的主体提出，则是反证。

例 7

马老大诉马老二遗产继承纠纷一案，马老大向法院提交了一份其母生前关于遗产分配方案的遗嘱复印件，遗嘱中有“本遗嘱原件由小儿子马老二保管”的字样，并且由马老二的签名和手印。马老大在举证期限届满前书面申请法院责令马老二提交遗嘱原件，法院通知马老二提交，但马老二无正当理由拒绝提交。

请问：马老二拒绝提交的行为可能产生何种后果？

思路解析

本题考查文书提出命令制度。遗嘱在对方当事人控制之下的，承担举证证明责任的当事人可以在举证期限届满前书面申请法院责令对方当事人提交。申请理由成立的，法院应当责令对方当事人提交，因提交书证所产生的费用，由申请人负担。对方当事人无正当理由拒不提交的，法院可以认定申请人所主张的遗嘱内容为真实。因此，法院可以认定马老大所主张的该份遗嘱所能证明的事实为真实。

◆文书提出命令

申请条件	原因：书证在对方当事人控制下
	申请主体：承担举证证明责任的当事人
	申请时间和方式：举证期限届满前 + 书面申请
处理方式	申请理由成立：法院应责令对方当事人提交，因提交书证所产生的费用由申请人负担
	对方当事人无正当理由拒不提交：法院可以认定申请人所主张的书证内容真实

【案例拓展】法院公报案例“李明柏诉南京金陵置业发展有限公司商品房预售合同纠纷案”：对于政府机关及其他职能部门出具的证明材料，人民法院应当对其真实性、合法性以及与待证事实的关联性进行判断，如上述证据不能反映案件的客观真实情况，则不能作为人民法院认定案件事实的根据。

重要法条链接

[谁主张、谁举证]《民诉解释》第91条　人民法院应当依照下列原则确定举证证明责任的承担，但法律另有规定的除外：

（一）主张法律关系存在的当事人，应当对产生该法律关系的基本事实承担举证证明责任；

（二）主张法律关系变更、消灭或者权利受到妨害的当事人，应当对该法律关系变更、消灭或者权利受到妨害的基本事实承担举证证明责任。

[鉴定人的出庭义务]《民诉法》第78条　当事人对鉴定意见有异议或者人民法院认为鉴定人有必要出庭的，鉴定人应当出庭作证。经人民法院通知，鉴定人拒不出庭作证的，鉴定意见不得作为认定事实的根据；支付鉴定费用的当事人可以要求返还鉴定费用。

[自认]《民诉解释》第92条　一方当事人在法庭审理中，或者在起诉状、答辩状、代理词等书面材料中，对于己不利的事实明确表示承认的，另一方当事人无需举证证明。

对于涉及身份关系、国家利益、社会公共利益等应当由人民法院依职权调查的事实，不适用前款自认的规定。

自认的事实与查明的事实不符的，人民法院不予确认。

［妥协自认］《民诉解释》第107条　在诉讼中，当事人为达成调解协议或者和解协议作出妥协而认可的事实，不得在后续的诉讼中作为对其不利的根据，但法律另有规定或者当事人均同意的除外。

［逾期举证的法律后果］《民诉解释》第102条第1、2款　当事人因故意或者重大过失逾期提供的证据，人民法院不予采纳。但该证据与案件基本事实有关的，人民法院应当采纳，并依照民事诉讼法第六十五条、第一百一十五条第一款的规定予以训诫、罚款。

当事人非因故意或者重大过失逾期提供的证据，人民法院应当采纳，并对当事人予以训诫。

［适用排除合理怀疑证明标准的情形］《民诉解释》第109条　当事人对欺诈、胁迫、恶意串通事实的证明，以及对口头遗嘱或者赠与事实的证明，人民法院确信该待证事实存在的可能性能够排除合理怀疑的，应当认定该事实存在。

［文书提出命令］《民诉解释》第112条　书证在对方当事人控制之下的，承担举证证明责任的当事人可以在举证期限届满前书面申请人民法院责令对方当事人提交。

申请理由成立的，人民法院应当责令对方当事人提交，因提交书证所产生的费用，由申请人负担。对方当事人无正当理由拒不提交的，人民法院可以认定申请人所主张的书证内容为真实。

［视听资料与电子数据］《民诉解释》第116条　视听资料包括录音资料和影像资料。

电子数据是指通过电子邮件、电子数据交换、网上聊天记录、博客、微博客、手机短信、电子签名、域名等形成或者存储在电子介质中的信息。

存储在电子介质中的录音资料和影像资料，适用电子数据的规定。

[专家辅助人]《民诉解释》第122条　当事人可以依照民事诉讼法第七十九条的规定，在举证期限届满前申请一至二名具有专门知识的人出庭，代表当事人对鉴定意见进行质证，或者对案件事实所涉及的专业问题提出意见。

具有专门知识的人在法庭上就专业问题提出的意见，视为当事人的陈述。

人民法院准许当事人申请的，相关费用由提出申请的当事人负担。

[执行异议之诉的证明责任分配]《民诉解释》第311条　案外人或者申请执行人提起执行异议之诉的，案外人应当就其对执行标的享有足以排除强制执行的民事权益承担举证证明责任。

[实体法相关规范链接]

[环境侵权纠纷的证明责任分配]《侵权责任法》第66条　因污染环境发生纠纷，污染者应当就法律规定的不承担责任或者减轻责任的情形及其行为与损害之间不存在因果关系承担举证责任。

[饲养动物致害案件的证明责任分配]《侵权责任法》第78条　饲养的动物造成他人损害的，动物饲养人或者管理人应当承担侵权责任，但能够证明损害是因被侵权人故意或者重大过失造成的，可以不承担或者减轻责任。

[动物园动物致害案件的证明责任分配]《侵权责任法》

第 81 条 动物园的动物造成他人损害的，动物园应当承担侵权责任，但能够证明尽到管理职责的，不承担责任。

［建筑物、构筑物、搁置物、悬挂物致害案件的证明责任分配］《侵权责任法》第 85 条 建筑物、构筑物或者其他设施及其搁置物、悬挂物发生脱落、坠落造成他人损害，所有人、管理人或者使用人不能证明自己没有过错的，应当承担侵权责任。所有人、管理人或者使用人赔偿后，有其他责任人的，有权向其他责任人追偿。

《最高人民法院关于审理建设工程施工合同纠纷案件适用法律问题的解释（二）》第 12 条 当事人在诉讼前已经对建设工程价款结算达成协议，诉讼中一方当事人申请对工程造价进行鉴定的，人民法院不予准许。

《最高人民法院关于审理建设工程施工合同纠纷案件适用法律问题的解释（二）》第 13 条 当事人在诉讼前共同委托有关机构、人员对建设工程造价出具咨询意见，诉讼中一方当事人不认可该咨询意见申请鉴定的，人民法院应予准许，但双方当事人明确表示受该咨询意见约束的除外。

《最高人民法院关于审理建设工程施工合同纠纷案件适用法律问题的解释（二）》第 14 条 当事人对工程造价、质量、修复费用等专门性问题有争议，人民法院认为需要鉴定的，应当向负有举证责任的当事人释明。当事人经释明未申请鉴定，虽申请鉴定但未支付鉴定费用或者拒不提供相关材料的，应当承担举证不能的法律后果。

一审诉讼中负有举证责任的当事人未申请鉴定，虽申请鉴定但未支付鉴定费用或者拒不提供相关材料，二审诉讼中申请鉴定，人民法院认为确有必要的，应当依照民事诉讼法

第一百七十条第一款第三项的规定处理。

《最高人民法院关于审理民间借贷案件适用法律若干问题的规定》第16条 原告仅依据借据、收据、欠条等债权凭证提起民间借贷诉讼，被告抗辩已经偿还借款，被告应当对其主张提供证据证明。被告提供相应证据证明其主张后，原告仍应就借贷关系的成立承担举证证明责任。

被告抗辩借贷行为尚未实际发生并能作出合理说明，人民法院应当结合借贷金额、款项交付、当事人的经济能力、当地或者当事人之间的交易方式、交易习惯、当事人财产变动情况以及证人证言等事实和因素，综合判断查证借贷事实是否发生。

《最高人民法院关于审理民间借贷案件适用法律若干问题的规定》第17条 原告仅依据金融机构的转账凭证提起民间借贷诉讼，被告抗辩转账系偿还双方之前借款或其他债务，被告应当对其主张提供证据证明。被告提供相应证据证明其主张后，原告仍应就借贷关系的成立承担举证证明责任。

第九讲　一审普通程序

【考点提示】

普通程序的各阶段	起诉与立案登记：起诉的积极条件；不予受理的情形
	审前准备：分流机制；被告答辩；庭前会议
	开庭审理：法庭调查；法庭辩论；最后陈述；合议庭评议；宣判；审限
撤诉	一审中撤回起诉的条件和法律后果；按撤诉处理的情形
缺席判决	缺席判决的适用对象、适用情形
延期审理 VS 诉讼中止 VS 诉讼终结	各自的适用情形及其区别
法律文书	判决、裁定、决定各自的适用对象；各类法律文书的救济机制
	法律文书写作

【知识点激活】

起诉与立案登记	立案登记≠有诉必立；立案登记≠当场立案
不予受理的情形	违反主管：行政案件、或裁或审、其他机关处理
	违反管辖：告知向有管辖权的法院起诉
	违反一事不再理/禁止重复起诉
	违反禁诉期：调解和好及判决不准离婚的案件＋孕产妇特别保护＋撤诉或按撤诉处理的离婚案件

续表

审前准备	审前分流机制：诉讼程序转入督促程序；审前调解解纷
	庭前会议：非必须；具体内容；明确争点
开庭审理	宣布开庭（审判长核对当事人身份，宣布案由，告知回避权利）→法庭调查→法庭辩论→制作庭审笔录→合议庭评议→宣判（当庭或定期）
一审中撤回起诉	当事人申请 + 法院准许；可以再起诉
缺席判决	对原告也可能缺席判决；本诉原告不到庭 – 对本诉按撤诉处理，对反诉缺席判决；无人离婚案件的特殊规定
延期审理	用决定；只能适用于开庭审理阶段
诉讼中止	用裁定；诉讼程序暂停；若障碍原因消除，诉讼程序恢复进行
诉讼终结	用裁定；程序无法继续或没有必要继续；程序的非正常死亡
法律文书	判决、裁定、决定各自的适用范围
	各种法律文书的救济机制：复议、上诉、再审
	起诉状、判决书等常用文书的写作

答辩期限	被告收到起诉状副本之日起 15 日之内（答辩任意主义）
	在答辩期限内，被告可以选择答辩，也可提出管辖权异议。但如果未在答辩期限届满前提出管辖权异议并应诉答辩的，就可能成立应诉管辖
举证期限	举证期限的确定方式：法院确定；或者当事人协商经法院准许
	普通程序 – 不少于 15 日；二审提供新证据 – 不少于 10 日 传统型简易程序 – 不超过 15 日；小额诉讼 – 一般不超过 7 日
	须在举证期限届满前申请的事项：申请延长举证期限、申请诉中证据保全、申请法院调取证据、申请证人出庭、申请鉴定、申请专家辅助人出庭、申请文书提出命令等

续表

法庭辩论终结前	须在法庭辩论终结前提出的事项：原告增加、变更诉讼请求；被告提出反诉；有独三提出参加诉讼；申请回避；申请撤回自认；申请撤回民事公益诉讼等

1. 起诉条件与立案登记制

例 1

张翔以买卖合同纠纷为由起诉赵岚，某市 A 区法院经过审理认为，该案中并不存在买卖关系，原、被告之间实质上为借用关系。于是法院向张翔作出说明，但张翔坚持己见，不予变更诉讼请求及其理由。法院遂作出裁定，驳回张翔的诉讼请求。

请问：本案中法院的做法是否正确？为什么？

思路解析

当法院认定的法律关系性质与原告主张的性质不一致时，法院有权向当事人进行释明，但原告张翔坚持己见、拒绝变更诉讼请求，那么此时就不满足胜诉的条件。驳回诉讼请求是对实体问题的处理，在原告的诉讼请求不符合实体上的胜诉条件时适用，但驳回原告的诉讼请求应该用“判决”的形式而不能用“裁定”，因此法院适用的裁判形式错误，正确的做法是判决驳回张翔的诉讼请求。

解题窍门：当事人主张的法律关系性质与法院根据案件事实作出的认定不一致时，法院应当告知当事人可以变更诉讼请求，法院的该种告知行为既不违反辩论原则，也不违反处分原则。

2. 诉讼障碍（缺席判决；延期审理、诉讼中止、诉讼终结）

请辨析下列做法是否合法：①

（1）甲与乙的著作权纠纷一案，甲在前往法院的路上，因见义勇为而受伤，法院裁定延期审理。

（2）甲诉乙支付赡养费一案，在开庭前一天甲死亡，法院遂裁定中止诉讼。

（3）无民事行为能力人甲与乙的离婚诉讼中，甲的法定代理人因执行公务无法到庭，法院裁定按甲撤诉处理。

（4）因长期遭受家庭暴力，乙长期躲在娘家，后甲将乙诉至法院，请求判令二人离婚。法院在向乙送达应诉通知书时发现，在法院立案的前一周乙因突发心脏病死亡。法院遂裁定诉讼终结。

例 2

上海市虹桥区法院在审理A商场与甲的买卖合同纠纷案时，甲的丈夫乙提出其妻子甲是精神病人，申请法院确认甲

---

① 解析：

（1）该做法错误。延期审理应当用决定。

（2）该做法错误。追索“三费”的案件中一方当事人死亡的，法院应当裁定诉讼终结。

（3）该做法错误。无民事行为能力人的离婚诉讼，当事人的法定代理人应当到庭；法定代理人不能到庭的，法院应当在查清事实的基础上，依法作出判决。

（4）该做法错误。本案的特殊性在于，被告的死亡时间不是在诉讼进行的过程中，而是在原告起诉前就已经死亡了。如果离婚诉讼的被告是在诉讼进行过程中死亡的，应当裁定诉讼终结；如果被告在原告起诉前就已经死亡了，法院在立案受理后才发现其死亡的事实，应当以不符合起诉条件为由裁定驳回起诉。

为无民事行为能力人。

请问：此时法院应当如何处理该种情形？

思路解析

按照《民诉法》第150条的规定，“本案必须以另一案的审理结果为依据，而另一案尚未审结”的，法院应当裁定中止诉讼。如果某一公民正在进行另一个案件的诉讼，其利害关系人提出该公民患有精神病，要求宣告该公民无民事行为能力或限制民事行为能力的，应由利害关系人向人民法院提出申请，由受诉法院按该类特别程序立案审理，中止原诉讼。因此，本案中法院应当裁定中止诉讼，启动特别程序来认定甲的行为能力状况，之后再恢复买卖合同诉讼的审理。

【案例拓展】法院公报案例“吴国军诉陈晓富、王克祥及德清县中建房地产开发有限公司民间借贷、担保合同纠纷案”：民间借贷涉嫌或构成非法吸收公众存款罪，合同一方当事人可能被追究刑事责任的，并不当然影响民间借贷合同以及相对应的担保合同的效力。如果民间借贷纠纷案件的审理并不必须以刑事案件的审理结果为依据，则民间借贷纠纷案件无须中止审理。

3. 民事裁判与法律文书

【民事起诉状参考模板】

民事起诉状

原告：姓名，性别，年龄，民族，××年××月××日生，身份证号码××××××××××××××××××，

住××市××区××街道××小区××号

委托代理人：姓名，×××律师事务所律师

被告：姓名，性别，年龄，民族，××年××月××日生，身份证号码××××××××××××××××××，住××市××区××街道××小区××号

案由①：

诉讼请求：

1. 请求法院依法判令……

2. 请求法院依法判令……

事实和理由：

（具体事实概述……）。依据×××的相关规定，依法向人民法院提起诉讼，请求人民法院支持原告的全部诉讼请求。

附：证据和证据来源，证人姓名、住所

1. 本起诉状副本×份；

2. 书证××份；

3. 证人姓名和住址。

此致

×××人民法院

起诉人/具状人：×××

××年××月××日

---

① 案由不是民事起诉状的必备内容，可以写，也可以不写。

【民事答辩状参考模板】

民事答辩状

答辩人：姓名，性别，年龄，民族，××年××月××日生，身份证号码××××××××××××××××××，住××市××区××街道××小区××号

委托代理人：姓名，×××律师事务所律师

答辩人因原告×××提起的××××诉讼一案，提出如下答辩：

事实和理由：

（主要针对原告诉讼请求的答复或反驳；答辩意见相关的事实依据、有关证据、法律依据）

此致

×××人民法院

具状人：×××

××年××月××日

【民事上诉状参考模板】

民事上诉状

上诉人（原审原告/原审被告）：姓名，性别，年龄，民族，××年××月××日生，身份证号码××××××××××××××××××，住××市××区××街道××小区××号

委托代理人：姓名，×××律师事务所律师

被上诉人（原审原告/原审被告）：姓名，性别，年龄，民族，××年××月××日生，身份证号码××××××××××××××××××，住××市××区××街道××小区××号

上诉人因××××一案，不服×××人民法院于××年××月××日××字第××号民事判决/裁定，现提出上诉。上诉请求和事实理由如下：

请求事项：

（写明提出上诉所欲达到的目的，即具体的上诉请求）

事实和理由：

（写明上诉的事实依据和法律依据，应针对一审判决在认定事实、适用法律、审判程序等方面存在的问题或错误陈述理由）

此致

×××人民法院

上诉人：×××

××年××月××日

【民事判决书参考模板1】

××人民法院

民事判决书

原告：姓名，性别，年龄，民族，××年××月××日生，身份证号码××××××××××××××××××，住××市××区××街道××小区××号

委托代理人：姓名，×××律师事务所律师

被告：姓名，性别，年龄，民族，××年××月××日生，身份证号码××××××××××××××××××，住××市××区××街道××小区××号

原告××诉××（案由）一案由本院受理后，本院依法适用简易程序/普通程序，由审判员×××担任独任审判员/组成合议庭，公开开庭审理了本案。原告、被告均到庭参加诉讼，本案现已审理终结。

原告诉称：

被告辩称：

本院经审理查明：××××××

本院认为，………………………依据×××××第××条的规定，判决如下：

1.

2. 案件受理费×××元，由××承担××元、××承担××元。

如不服本判决，可以自收到本判决之日起15日内通过本院或者直接向××市中级人民法院上诉。上诉须提交书面上诉状，并按照对方当事人的人数提出副本。

审判员：×××

××年××月××日

【民事判决书参考模板2（第一审普通程序用）】

××××人民法院
民事判决书

原告：×××，男/女，××年××月××日出生，×族，……（工作单位和职务或者职业），住……

法定代理人：×××，……

委托代理人：×××，……

被告：×××，住所地………

法定代表人/主要负责人：×××，……

委托代理人：×××，……

第三人：×××，……

委托代理人：×××，……

原告×××与被告×××、第三人×××……（写明案由）一案，本院于××年××月××日立案后，依法适用普通程序，公开/因涉及……（写明不公开开庭的理由）不公开开庭进行了审理。原告×××、被告×××、第三人×××（写明当事人和其他诉讼参与人的诉讼地位和姓名或者名称）到庭参加诉讼。本案现已审理终结。

×××向本院提出诉讼请求：1. ……2. ……事实和理由：……（概述原告主张的事实和理由）

×××辩称，……（概述被告的答辩意见）

×××述称，……（概述第三人陈述意见）

当事人围绕诉讼请求依法提交了证据，本院组织当事人进行了证据交换和质证。对当事人无异议的证据，本院予以确认并在卷佐证。对有争议的证据和事实，本院认定如下：

1. ……2. ……（写明法院是否采信证据，事实认定的意见和理由）

本院认为，……（写明争议焦点，根据认定的事实和相关法律，对当事人的诉讼请求作出分析评判，说明理由）

综上所述，……（对当事人的诉讼请求是否支持进行总结评述）依照《中华人民共和国……法》第×条、（写明法律文件名称及其条款项序号）规定，判决如下：

一、……

二、……

（以上分项写明判决结果）

如果未按本判决确定的期间履行给付金钱义务，应当依照《中华人民共和国民事诉讼法》第二百五十三条规定，加倍支付迟延履行期间的债务利息（没有金钱给付义务的，不写）。

案件受理费……元，由……负担（写明当事人姓名或者名称、负担金额）。

如不服本判决，可以在判决书送达之日起十五日内，向本院递交上诉状，并按照对方当事人或者代表人的人数提出副本，上诉于×××人民法院。

审判长：×××

审判员：×××

审判员：×××

××××年××月××日

书记员：×××

【民事判决书参考模板3（二审改判用）】

××××人民法院
民事判决书

上诉人（原审诉讼地位）：×××，……

被上诉人（原审诉讼地位）：×××，……

原审原告/被告/第三人：×××，……

（以上写明当事人和其他诉讼参加人的姓名或者名称等基本信息）

上诉人×××因与被上诉人×××/上诉人×××及原审原告/被告/第三人×××……（写明案由）一案，不服×××人民法院……民初……号民事判决，向本院提起上诉。本院于××年××月××日立案后，依法组成合议庭，开庭/因涉及……（写明不开庭的理由）不开庭进行了审理。上诉人×××、被上诉人×××、原审原告/被告/第三人×××（写明当事人和其他诉讼参加人的诉讼地位和姓名或者名称）到庭参加诉讼。本案现已审理终结。

×××上诉请求：……（写明上诉请求）。事实和理由：……（概述上诉人主张的事实和理由）

×××辩称，……（概述被上诉人答辩意见）

×××述称，……（概述原审原告/被告/第三人陈述意见）

×××向一审法院起诉请求：……（写明原告/反诉原告/有独立请求权的第三人的诉讼请求）

一审法院认定事实：……（概述一审认定的事实）。一审法院认为，……（概述一审裁判理由）。判决：……（写

明一审判决主文）

本院二审期间，当事人围绕上诉请求依法提交了证据。本院组织当事人进行了证据交换和质证（当事人没有提交新证据的，写明：二审中，当事人没有提交新证据）。对当事人二审争议的事实，本院认定如下：……（写明二审法院是否采信证据、认定事实的意见和理由，对一审查明相关事实的评判）

本院认为，……（根据二审认定的案件事实和相关法律规定，对当事人的上诉请求进行分析评判，说明理由）

综上所述，×××的上诉请求成立，予以支持。依照《中华人民共和国×××法》第×条（适用法院错误的，应当引用实体法）、《中华人民共和国民事诉讼法》第一百七十条第一款第×项规定，判决如下：

一、撤销×××人民法院……民初……号民事判决；

二、……（写明改判内容）

二审案件受理费……元，由……负担（写明当事人姓名或者名称、负担金额）。

本判决为终审判决。

审判长：×××

审判员：×××

审判员：×××

××年××月××日

书记员：×××

【强制执行申请书参考模板】

强制执行申请书

申请人：×××

被申请人：×××

申请事项：

1. 被执行人×××向申请执行人×××支付案款×××元，利息××元，诉讼费用×××元，并支付迟延履行期间的利息。

2. 申请执行费由被执行人承担。

申请理由：

申请人×××与被执行人×××（案由）一案，×××人民法院于××年××月××日作出××号民事判决书，已发生法律效力，但被执行人拒不履行生效法律文书确定的义务。为了维护申请人的合法权益，特依照《中华人民共和国民事诉讼法》的规定，申请强制执行。

此致

×××人民法院

申请人：×××

××年××月××日

重要法条链接

［起诉的积极条件］《民诉法》第 119 条 起诉必须符合下列条件：

（一）原告是与本案有直接利害关系的公民、法人和其他组织；

（二）有明确的被告；

（三）有具体的诉讼请求和事实、理由；

（四）属于人民法院受理民事诉讼的范围和受诉人民法院管辖。

［起诉的消极条件/不予受理起诉的情形］《民诉法》第124条　人民法院对下列起诉，分别情形，予以处理：

（一）依照行政诉讼法的规定，属于行政诉讼受案范围的，告知原告提起行政诉讼；

（二）依照法律规定，双方当事人达成书面仲裁协议申请仲裁、不得向人民法院起诉的，告知原告向仲裁机构申请仲裁；

（三）依照法律规定，应当由其他机关处理的争议，告知原告向有关机关申请解决；

（四）对不属于本院管辖的案件，告知原告向有管辖权的人民法院起诉；

（五）对判决、裁定、调解书已经发生法律效力的案件，当事人又起诉的，告知原告申请再审，但人民法院准许撤诉的裁定除外；

（六）依照法律规定，在一定期限内不得起诉的案件，在不得起诉的期限内起诉的，不予受理；

（七）判决不准离婚和调解和好的离婚案件，判决、调解维持收养关系的案件，没有新情况、新理由，原告在六个月内又起诉的，不予受理。

［立案登记制］《民诉解释》第208条第1款　人民法

院接到当事人提交的民事起诉状时，对符合民事诉讼法第一百一十九条的规定，且不属于第一百二十四条规定情形的，应当登记立案；对当场不能判定是否符合起诉条件的，应当接收起诉材料，并出具注明收到日期的书面凭证。

[起诉状的内容]《民诉法》第 121 条 起诉状应当记明下列事项：

（一）原告的姓名、性别、年龄、民族、职业、工作单位、住所、联系方式，法人或者其他组织的名称、住所和法定代表人或者主要负责人的姓名、职务、联系方式；

（二）被告的姓名、性别、工作单位、住所等信息，法人或者其他组织的名称、住所等信息；

（三）诉讼请求和所根据的事实与理由；

（四）证据和证据来源，证人姓名和住所。

[合并审理]《民诉法》第 140 条 原告增加诉讼请求，被告提出反诉，第三人提出与本案有关的诉讼请求，可以合并审理。

[判决书的内容]《民诉法》第 152 条 判决书应当写明判决结果和作出该判决的理由。判决书内容包括：

（一）案由、诉讼请求、争议的事实和理由；

（二）判决认定的事实和理由、适用的法律和理由；

（三）判决结果和诉讼费用的负担；

（四）上诉期间和上诉的法院。

判决书由审判人员、书记员署名，加盖人民法院印章。

[合并审理]《民诉解释》第 232 条 在案件受理后，法庭辩论结束前，原告增加诉讼请求，被告提出反诉，第三

人提出与本案有关的诉讼请求，可以合并审理的，人民法院应当合并审理。

[反诉]《民诉解释》第233条 反诉的当事人应当限于本诉的当事人的范围。

反诉与本诉的诉讼请求基于相同法律关系、诉讼请求之间具有因果关系，或者反诉与本诉的诉讼请求基于相同事实的，人民法院应当合并审理。

反诉应由其他人民法院专属管辖，或者与本诉的诉讼标的及诉讼请求所依据的事实、理由无关联的，裁定不予受理，告知另行起诉。

[缺席判决的特殊规定]《民诉解释》第234条 无民事行为能力人的离婚诉讼，当事人的法定代理人应当到庭；法定代理人不能到庭的，人民法院应当在查清事实的基础上，依法作出判决。

[实体法相关规范链接]

《企业破产法》第20条 人民法院受理破产申请后，已经开始而尚未终结的有关债务人的民事诉讼或者仲裁应当中止；在管理人接管债务人的财产后，该诉讼或者仲裁继续进行。

《劳动法》第79条 劳动争议发生后，当事人可以向本单位劳动争议调解委员会申请调解；调解不成，当事人一方要求仲裁的，可以向劳动争议仲裁委员会申请仲裁。当事人一方也可以直接向劳动争议仲裁委员会申请仲裁。对仲裁裁决不服的，可以向人民法院提起诉讼。

《劳动法》第83条 劳动争议当事人对仲裁裁决不服的，可以自收到仲裁裁决书之日起十五日内向人民法院提起诉讼。一方当事人在法定期限内不起诉又不履行仲裁裁决的，另一方当事人可以申请人民法院强制执行。

《道路交通安全法》第74条 对交通事故损害赔偿的争议，当事人可以请求公安机关交通管理部门调解，也可以直接向人民法院提起民事诉讼。

经公安机关交通管理部门调解，当事人未达成协议或者调解书生效后不履行的，当事人可以向人民法院提起民事诉讼。

《最高人民法院关于审理民间借贷案件适用法律若干问题的规定》第2条 出借人向人民法院起诉时，应当提供借据、收据、欠条等债权凭证以及其他能够证明借贷法律关系存在的证据。

当事人持有的借据、收据、欠条等债权凭证没有载明债权人，持有债权凭证的当事人提起民间借贷诉讼的，人民法院应予受理。被告对原告的债权人资格提出有事实依据的抗辩，人民法院经审理认为原告不具有债权人资格的，裁定驳回起诉。

《最高人民法院关于审理民间借贷案件适用法律若干问题的规定》第6条 人民法院立案后，发现与民间借贷纠纷案件虽有关联但不是同一事实的涉嫌非法集资等犯罪的线索、材料的，人民法院应当继续审理民间借贷纠纷案件，并将涉嫌非法集资等犯罪的线索、材料移送公安或者检察机关。

《最高人民法院关于审理民间借贷案件适用法律若干问题的规定》第7条 民间借贷的基本案件事实必须以刑事案件审理结果为依据，而该刑事案件尚未审结的，人民法院应当裁定中止诉讼。

《最高人民法院关于审理民间借贷案件适用法律若干问题的规定》第8条 借款人涉嫌犯罪或者生效判决认定其有罪，出借人起诉请求担保人承担民事责任的，人民法院应予受理。

《最高人民法院关于审理民间借贷案件适用法律若干问题的规定》第13条 借款人或者出借人的借贷行为涉嫌犯罪，或者已经生效的判决认定构成犯罪，当事人提起民事诉讼的，民间借贷合同并不当然无效。人民法院应当根据合同法第五十二条、本规定第十四条之规定，认定民间借贷合同的效力。

担保人以借款人或者出借人的借贷行为涉嫌犯罪或者已经生效的判决认定构成犯罪为由，主张不承担民事责任的，人民法院应当依据民间借贷合同与担保合同的效力、当事人的过错程度，依法确定担保人的民事责任。

《最高人民法院关于审理融资租赁合同纠纷案件适用法律问题的解释》第14条 当事人在一审诉讼中仅请求解除融资租赁合同，未对租赁物的归属及损失赔偿提出主张的，人民法院可以向当事人进行释明。

《公司法解释（二）》第6条 人民法院关于解散公司诉讼作出的判决，对公司全体股东具有法律约束力。

人民法院判决驳回解散公司诉讼请求后，提起该诉讼的股东或者其他股东又以同一事实和理由提起解散公司诉讼的，人民法院不予受理。

《最高人民法院关于确定民事侵权精神损害赔偿责任若干问题的解释》第6条 当事人在侵权诉讼中没有提出赔偿精神损害的诉讼请求，诉讼终结后又基于同一侵权事实另行起诉请求赔偿精神损害的，人民法院不予受理。

第十讲　简易程序

【考点提示】

适用范围	法定适用＋约定适用；不得适用简易程序的案件
简易程序特点	起诉、受理方便；灵活送达开庭通知；举证、答辩非必须；独任制；开庭审理简便；审限较短；简化裁判文书
程序转化	“普通转简易”的条件；“简易转普通”的情形
小额诉讼程序	适用条件（30%）；不得适用小额诉讼程序的案件
	审级制度：一审终审、不得上诉、可以再审
	管辖法院：基层法院及其派出法庭＋海事法院
	程序转换：“小额转简易”或“小额转普通”
	当事人的程序选择权与异议权；简化裁判文书

【知识点激活】

◆传统型简易程序

适用范围	不得适用的情形：起诉时被告下落不明；发回重审和再审案件；三类非讼案件；当事人一方人数众多的案件；涉及国家利益、社会公益的案件；第三人撤销之诉；执行异议之诉
	当事人约定适用：单向性＋有限性
管辖法院	基层法院及其派出法庭
特点	起诉方式、受理方式以及传唤、通知、送达简便灵活＋独任制＋庭审程序简便、无明显阶段性＋一次开庭、当庭审结、当庭宣判为原则＋审限短＋裁判文书简化
程序转换	（1）普转简：当事人合意选择 （2）简转普：依申请；依职权（裁定）；送达问题

◆小额诉讼程序

适用范围	诉讼标的额为省级上年度就业人员平均工资30%以下的简单金钱给付案件	
	不得适用的情形：人身关系、财产确权纠纷；涉外民事诉讼；知识产权纠纷；需要评估、鉴定或对诉前评估、鉴定结果有异议的纠纷	
管辖	基层法院及其派出法庭	
审级制度	一审终审、不得上诉	
对适用小额案件审理程序异议的处理	（1）当事人的程序选择权与异议权：当事人对按照小额诉讼案件审理有异议的，应当在开庭前提出	
	（2）对异议的处理方式：法院经审查异议成立的，适用简易程序的其他规定审理；异议不成立的，告知当事人并记入笔录。若案件应当适用普通程序审理的，裁定转为普通程序	
	（3）法律效力：适用简易程序的其他规定或普通程序审理前，双方当事人已经确认的事实，可以不再进行举证、质证	
法院告知义务	审判组织、一审终审、审理期限、诉讼费用交纳标准等事项	
程序转换	"小转简"或者"小转普"：因当事人申请增加或者变更诉讼请求、提出反诉、追加当事人等，致使案件不符合小额诉讼案件条件的，应当适用简易程序的其他规定审理。若应当适用普通程序审理的，裁定转为普通程序	
再审	（1）以不应按小额诉讼案件审理为由申请再审：再审裁判可以上诉 （2）以生效裁判内容违法、错误为由申请再审：再审裁判不得上诉	
文书简化	主要记载当事人基本信息、诉讼请求、裁判主文等内容	
程序关系	属于简易程序的特殊情形，并非独立的审理程序；有特殊规定从特殊规定，无特殊规定的参照适用简易程序的其他规定	

重点突破

1. 传统型简易程序

例 1

陈敏诉徐然租赁合同纠纷一案，虽然权利义务关系存在争议，但双方当事人约定适用简易程序进行审理，法院同意并通过电子邮件向双方当事人送达了开庭通知，但双方当事人均未回复。开庭当天原告陈敏未到庭，法院遂裁定按撤诉处理。在送达该裁定书时法院通过各种方式都无法联系到陈敏，于是采用公告送达的方式送达了判决书。

结合本案，法院的做法存在哪些问题？

思路解析

（1）法院按撤诉处理的做法违法。以捎口信、电话、传真、电子邮件等形式发送的开庭通知，未经当事人确认或者没有其他证据足以证明当事人已经收到的，法院不得将其作为按撤诉处理和缺席判决的根据。本案中法院通过电子邮件向双方送达开庭通知，但原告和被告均未回复，法院也没有其他证据证明当事人已经收到通知，因此开庭当天原告陈敏未到庭时，法院不得对其按撤诉处理。

（2）法院公告送达判决书的做法违法，因为简易程序案件不得公告送达。

2. 小额诉讼程序

例 2

高风与华庭物业公司的物业服务合同纠纷一案，由甲市A区法院适用小额诉讼程序进行审理，由审判员王某担任审判员并负责记录庭审的全部活动。在收到起诉状副本后的第

2日，高风以A区法院没有管辖权为由提出异议，但A区法院裁定驳回了高风的异议，高风不服该裁定，向甲市中级法院提出上诉，甲市中级法院驳回了高风的上诉请求。之后法院为双方当事人指定了15日的举证期限，后经开庭审理，A区法院判决高风在判决生效后的10日内向华庭公司支付拖欠的物业费2万元，但判决书中只记载了双方当事人的基本信息、原告的诉讼请求和裁判主文，并通过电子邮件送达双方当事人。判决作出后，高风以本案诉讼金额较大、不应适用小额诉讼程序审理为由提出再审申请。

结合上述案情，请回答下列问题：

（1）本案中，法院对高风所提管辖权异议的处理方式是否正确？为什么？

（2）A区法院的判决书在内容结构上是否合法？

（3）高风的再审申请应当向哪个法院提出？若法院裁定启动再审，那么再审判决的效力如何？

（4）本案中法院还存在哪些违法之处？

》》思路解析

（1）法院的处理方式正确。当事人对小额诉讼案件提出管辖异议的，法院应当作出裁定，裁定一经作出即生效。因此，小额诉讼中管辖权异议的裁定不得上诉。

（2）A区法院判决书的内容结构合法。小额诉讼的判决书可以简化，主要记载当事人基本信息、诉讼请求、裁判主文等内容即可。

（3）小额诉讼不得上诉、可以再审，但只能向原审法院申请再审，因此高风应当向甲市A区法院申请再审。

当事人以不应按小额诉讼案件审理为由向原审法院申请再审的，法院应当受理。理由成立的，应当裁定再审，组成合议庭审理。作出的再审判决、裁定，当事人可以上诉。本案中高风申请再审的理由是诉讼金额较大、不应适用小额诉讼程序审理，该种申请理由作出的再审判决可以上诉。

（4）本案中法院还存在以下违法之处：第一，小额诉讼采用独任制，但审判员不得自审自记；第二，小额诉讼的举证期限一般不超过7日，本案中法院指定15日的举证期限太长；第三，判决书不得电子送达。

重要法条链接

［不得适用简易程序的情形］《民诉解释》第257条 下列案件，不适用简易程序：

（一）起诉时被告下落不明的；

（二）发回重审的；

（三）当事人一方人数众多的；

（四）适用审判监督程序的；

（五）涉及国家利益、社会公共利益的；

（六）第三人起诉请求改变或者撤销生效判决、裁定、调解书的；

（七）其他不宜适用简易程序的案件。

［小额诉讼的适用范围］《民诉法》第162条 基层人民法院和它派出的法庭审理符合本法第一百五十七条第一款规定的简单的民事案件，标的额为各省、自治区、直辖市上年度就业人员年平均工资百分之三十以下的，实行一审终审。

[不得适用小额诉讼程序的案件]《民诉解释》第275条 下列案件，不适用小额诉讼程序审理：

（一）人身关系、财产确权纠纷；

（二）涉外民事纠纷；

（三）知识产权纠纷；

（四）需要评估、鉴定或者对诉前评估、鉴定结果有异议的纠纷；

（五）其他不宜适用一审终审的纠纷。

[小额诉讼的程序转换]《民诉解释》第280条 因当事人申请增加或者变更诉讼请求、提出反诉、追加当事人等，致使案件不符合小额诉讼案件条件的，应当适用简易程序的其他规定审理。

前款规定案件，应当适用普通程序审理的，裁定转为普通程序。

适用简易程序的其他规定或者普通程序审理前，双方当事人已确认的事实，可以不再进行举证、质证。

[小额诉讼的再审]《民诉解释》第426条 对小额诉讼案件的判决、裁定，当事人以民事诉讼法第二百条规定的事由向原审人民法院申请再审的，人民法院应当受理。申请再审事由成立的，应当裁定再审，组成合议庭进行审理。作出的再审判决、裁定，当事人不得上诉。

当事人以不应按小额诉讼案件审理为由向原审人民法院申请再审的，人民法院应当受理。理由成立的，应当裁定再审，组成合议庭审理。作出的再审判决、裁定，当事人可以上诉。

第十一讲　二审程序

【考点提示】

上诉的条件	主体条件＋时限条件＋适用对象＋书面形式＋提起上诉的程序
	必要共同诉讼中上诉人和被上诉人的确定
撤回上诉	上诉期内撤回上诉 VS 二审审理中撤回上诉：条件、后果
二审中撤回起诉	条件和法律后果
上诉案件的审理	审理范围；审理方式（可以不开庭的情形）；审判组织
	二审中的特殊调解（四种情形）
	二审中的和解及其法律后果
二审案件的裁判	裁判方式（四分法）；审限；裁判效力
禁止重复起诉	重复起诉的构成条件；处理方式

【知识点激活】

上诉的条件	可以上诉的判决、裁定 VS 一审终审的 6 种情形；须书面
	必要共同诉讼中上诉人和被上诉人的确定：享有上诉权并提出上诉的人为上诉人，上诉人对谁有意见，谁就是被上诉人，其他当事人依原审诉讼地位列明即可
撤回上诉	上诉期限内撤回上诉：不得再次上诉；一审裁判未生效
	二审审理过程中撤回上诉：若其为唯一的上诉人，一审裁判生效

续表

二审中撤回起诉	其他当事人同意且不损害“三益”；撤销一审裁判＋禁止再诉
上诉案件的审理	审理范围：上诉请求有关的事实问题和法律问题
	审判组织形式：单一式合议制
	审理方式：开庭审理为原则、不开庭审理为例外
	二审可以不开庭审理的条件：经过阅卷、调查和询问当事人；且没有提出新的事实、证据或理由；且合议庭认为不需要开庭审理
	二审可以不开庭审理的情形：（1）不服不予受理、管辖权异议和驳回起诉裁定；（2）当事人提出的上诉请求明显不能成立；（3）原判决、裁定认定事实清楚，但适用法律错误；（4）原判决严重违反法定程序，需要发回重审
二审中的调解与和解	一审法院漏判：自愿调解；调解不成的，发回重审
	必须参加诉讼的当事人或有独三，在一审中未参诉：自愿调解；调解不成的发回重审
	二审中增加独立诉讼请求或提出反诉：自愿调解；调解不成的，告知另行起诉；但双方当事人同意由二审法院一并审理的，二审法院可以一并裁判
	一审判不离、二审判离的：对子女抚养、财产问题一并调解；调解不成的，发回重审；但双方当事人同意由二审法院一并审理的，二审法院可以一并裁判
	二审中和解后的可选方案：（1）请求法院制作调解书；（2）撤回上诉；（3）双方同意撤回起诉
二审案件的四类裁判方式	驳回上诉、维持原判决或裁定：直接维持或纠正瑕疵后维持
	有错必改：认定事实或适用法律错误，应依法改判或撤销、变更原裁定

续表

二审案件的四类裁判方式	认定基本事实不清：可改判、可发回重审
	严重的程序违法：只能发回重审
重复起诉	重复起诉的构成条件——“两同说”与“三同说”：（1）后诉与前诉的当事人相同；且（2）后诉与前诉的诉讼标的相同；且（3）后诉与前诉的诉讼请求相同，或者后诉的诉讼请求实质上否定前诉裁判结果
	重复起诉的后果：法院裁定不予受理；已经受理的，裁定驳回起诉，但法律、司法解释另有规定的除外（不予受理、驳回起诉、一审撤诉、按撤诉处理）

重点突破

1. 上诉的提起与受理

下列各情形中，法院应否受理当事人的上诉请求？为什么？①

（1）甲向法院起诉请求确认其与乙的婚姻关系无效，法院判决驳回了甲的诉讼请求，甲不服该判决，向法院提出上诉。

（2）甲玩滑板车时不慎将乙撞伤，经过当地人民调解委员会调解达成协议，并申请法院进行了司法确认，后乙反悔提起上诉。

---

① 解析：

（1）确认婚姻效力的案件一审终审，不得上诉，法院不应受理甲的上诉。

（2）确认调解协议的案件规定在特别程序中，属于非讼案件，一审终审、不得上诉，因此法院不应受理乙的上诉。

（3）小额诉讼中作出的驳回起诉的裁定，不得上诉，因此法院不应受理甲的上诉。

（4）公示催告程序属于非讼案件，一审终审、不得上诉，因此法院不应受理丙的上诉。

(3) 甲与乙的借款合同纠纷案，法院适用小额诉讼程序审理，在立案受理后，因为甲无法提供被告乙的送达地址且法院亦无法查证，遂以被告不明确为由裁定驳回起诉。甲对该裁定不服，提出上诉。

(4) 甲申请公示催告案件的除权判决作出后，利害关系人丙对该判决不服，提出上诉。

例 1

甲、乙、丙三人在玩弹弓时共同致范某身体损害，范某起诉三人要求赔偿医疗费共计 6 万元。一审法院判决甲、乙、丙分别赔偿范某 2 万元、3 万元和 1 万元，三人承担连带赔偿责任。乙对一审判决不服，认为丙赔偿的数额过低，于是提起上诉。

请问：如何确定二审中当事人的诉讼地位？

思路解析

本题考查必要共同诉讼中如何确定上诉人和被上诉人。享有上诉权并提出上诉的人为上诉人，上诉人对与谁之间的权利分担有意见的，谁为被上诉人，其他当事人依原审诉讼地位列明即可。因此，本案中乙是上诉人，丙是被上诉人，甲是原审被告，范某是原审原告。

2. 撤诉（两类五种）

例 2

肖某诉唐某借款合同纠纷一案，一审法院判决唐某向肖某返还钱款连本带息共计 86000 元，唐某不服提起上诉。在二审中，双方达成和解协议，其中约定：唐某在 30 日内向肖某返还借款本金 80000 元，肖某放弃 6000 元的利息。

结合上述案情，请回答下列问题：

（1）若达成和解协议后，唐某向法院申请撤回上诉并获准许，但约定的期限届满后，唐某仅支付了1万元，此时肖某如何救济自身权益？

（2）若达成和解协议后，唐某和肖某请求法院依据该和解协议制作了调解书，但约定期限届满后唐某仅支付了1万元，此时肖某如何救济自身的权益？

（3）若达成和解协议后，唐某和肖某同意将双方提起之诉均予以撤回，但约定期限届满后唐某仅支付了1万元，于是肖某再次将唐某诉至法院，法院应否受理肖某的起诉？为什么？

思路解析

（1）唐某撤回上诉后，一审判决生效，因此在唐某没有完全履行和解协议时，肖某可以申请法院强制执行一审判决，但执行时须扣除唐某已经支付的1万元，也即唐某须再支付7.6万元。

（2）二审中达成调解协议的，自调解书送达生效之日起一审法院的判决即视为撤销，此时肖某可以调解书作为执行根据申请法院强制执行，但和解协议没有执行力。

（3）唐某和肖某在二审中既撤回了上诉也撤回了起诉，二审中撤回起诉的，禁止再次起诉，否则构成重复起诉，因此法院应当裁定不予受理肖某的起诉。

	一审中撤回起诉	二审中撤回起诉	再审中撤回起诉
条件	自愿、合法+法院准许	其他当事人同意且不损害“三益”	
法律后果	可以再起诉	不得再次起诉	

撤回上诉	上诉期间	二审程序中
	不得再上诉 + 原审裁判尚未生效	如果撤回上诉的人是案件唯一的上诉人，则原审裁判生效

【案例拓展】最高法指导案例第2号“吴梅诉四川省眉山西城纸业有限公司买卖合同纠纷案”：民事案件二审期间，双方当事人达成和解协议，人民法院准许撤回上诉的，该和解协议未经人民法院依法制作调解书，属于诉讼外达成的协议。一方当事人不履行和解协议，另一方当事人申请执行一审判决的，人民法院应予支持。

3. 二审案件的审理与裁判（审理范围、审理方式、四种特殊调解、裁判方式）

例3

万某驾车将骑自行车的李某撞伤，李某的自行车剐蹭了万某的车门。在协商未果的情况下，李某将万某诉至法院，要求其赔偿医疗费、误工费等各项损失4万元并公开赔礼道歉，一审判决万某在裁判生效之日起的15日内支付损害赔偿金3万元，万某不服提出上诉。二审中，万某提出反诉，要求李某赔偿其给车门钣金补漆所支出的费用7000元。

结合上述案情，请问：二审法院应当如何处理该案？

思路解析

（1）一审法院在裁判时遗漏了原告关于赔礼道歉的诉讼请求。对当事人在一审中已经提出的诉讼请求，原审法院未作审理、判决的，第二审法院可以根据当事人自愿的原则进行调解，调解不成的，发回重审。因此法院可以对当事人进行调解，调解不成的，发回重审。

（2）在第二审程序中，原审被告提出反诉的，第二审法院可以根据当事人自愿的原则就反诉进行调解，调解不成的，告知当事人另行起诉。双方当事人同意由第二审法院一并审理的，第二审法院可以一并裁判。万某在二审中才提出反诉，法院可以对反诉进行调解，调解不成的，告知万某另行起诉。但若万某与李某均同意由二审法院对反诉一并审理的，二审法院可以对万某的反诉一并裁判。

不得合意放弃审级利益	一审法院漏判：自愿调解；调解不成的，发回重审
	必须参加诉讼的当事人或有独三，在一审中未参诉：自愿调解；调解不成的，发回重审
可以合意放弃审级利益的情形	二审中增加独立诉讼请求或提出反诉：自愿调解；调解不成的，告知另行起诉；但双方当事人同意由二审法院一并审理的，二审法院可以一并裁判
	一审判不离、二审判离的：对子女抚养、财产问题一并调解；调解不成的，发回重审；但双方当事人同意由二审法院一并审理的，二审法院可以一并裁判

4. 禁止重复起诉（“两同说”“三同说”、其他、既判力）

例4

蔡某与甲公司签订了一份婚纱定作合同，后因婚纱质量问题，蔡某将甲公司诉至法院要求按照合同中约定的材料重新制作婚纱并支付违约金7万元。法院经审理判决支持了蔡某的全部诉讼请求，甲公司对该判决未上诉。之后，甲公司向法院起诉，请求确认该婚纱定作合同无效。

请问：法院应当如何处理甲公司的起诉？

思路解析

甲公司的起诉属于重复起诉，法院应当裁定不予受理。

依据《民诉解释》第 247 条的规定："当事人就已经提起诉讼的事项在诉讼过程中或者裁判生效后再次起诉，同时符合下列条件的，构成重复起诉：（一）后诉与前诉的当事人相同；（二）后诉与前诉的诉讼标的相同；（三）后诉与前诉的诉讼请求相同，或者后诉的诉讼请求实质上否定前诉裁判结果。当事人重复起诉的，裁定不予受理；已经受理的，裁定驳回起诉，但法律、司法解释另有规定的除外。"本案中，后诉与前诉的当事人和诉讼标的均相同，诉讼请求虽然不同，但后诉的诉讼请求实质上否定了前诉的裁判结果，因为法院支持违约金请求的前提条件是确认婚纱定作合同成立且有效，而后诉中甲公司却要求确认该定作合同无效，明显否定了前诉的裁判结果，构成重复起诉。

解题窍门：构成重复起诉的情形并不限于"两同说"和"三同说"，须结合实体法的规定进行综合判断。

重复起诉的构成条件（须**同时**满足）	（1）后诉与前诉的当事人相同；且 （2）后诉与前诉的诉讼标的相同；且 （3）后诉与前诉的诉讼请求相同，或者后诉的诉讼请求实质上否定前诉裁判结果
起诉时间	诉讼过程中或裁判生效后再次起诉
重复起诉的后果	法院裁定不予受理；已经受理的，裁定驳回起诉，但法律、司法解释另有规定的除外（不予受理、驳回起诉、撤诉、按撤诉处理）

续表

其他相关规定	（1）二审中撤回起诉后重复起诉的，法院不予受理； （2）再审中撤回起诉后重复起诉的，法院不予受理

【案例拓展】法院公报案例“深圳市基本生活用品有限公司与深圳市思派硅胶有限公司侵害外观设计专利权纠纷案”——重复侵权包括以下构成要件：一是本诉中被侵害的权利与前诉中被侵害的权利为同一权利；二是本诉中的侵权行为人与前诉中的侵权行为人为同一主体；三是本诉中的侵权产品与前诉中的侵权产品为（侵权构成上的）相同产品；四是本诉中的侵权行为发生在前诉判决生效之后且有合理的时间间隔。权利人就重复侵权行为提起诉讼的，不属于重复诉讼，人民法院应依法予以受理。

【案例拓展】有关重复起诉的法院公报案例之裁判规则整合

（1）判断基于同一纠纷而提起的两次起诉是否属于重复起诉，应当结合当事人的具体诉讼请求及其依据，以及行使处分权的具体情况进行综合分析。如果两次起诉的当事人不同，具体诉讼请求等也不同，相互不能替代或涵盖，则人民法院不能简单地因两次起诉基于同一纠纷而认定为重复起诉，并依照“一事不再理”的原则对后一起诉予以驳回。

（2）“一事不再理”是指对人民法院判决或裁定已经生效的案件，除法律另有规定外不得再起诉也不得再受理的诉讼原则。依据《民诉法》的规定，对判决、裁定已经发生法律效力的案件，当事人又起诉的，告知原告按照申诉处理，但人民法院准许撤诉的裁定除外。因此，如果当事人对人民法院作出的生效裁决不服的，除依法通过启动审判监督程序对案件重新审理外，不得在以后的诉讼中主张与该生效裁决相反的内容，亦不能就同一诉讼标的重复起诉。

（3）当事人约定仲裁条款而排除人民法院管辖的，仲裁裁决作出后，就同一合同纠纷起诉到人民法院的，人民法院不予受理。但是在生效仲裁裁决依据的合同与人民法院处理争议案件依据的合同不同，人民法院审理的内容也不涉及仲裁条款约定事项的情形下，人民法院受理案件并不违反“一事不再理”原则。

（4）判断当事人在同一法院或不同法院分别起诉所形成的案件是否属于同一案件，应当从案件的当事人、案件的性质（法律关系）、案件的事实以及当事人的诉讼请求等方面是否同一进行综合考量。基于相同的当事人、同一事实、同一法律关系以及主要诉讼请求相同，在不同地方法院分别提起诉讼所形成的案件，可以认定属于同一案件。

（5）原告提出诉讼请求并经人民法院作出生效裁判后，又以实际争议标的额超出原诉讼请求为由，就超出的数额另行提起诉讼，系对同一争议事实再次起诉，违反“一事不再理”的民事诉讼原则，人民法院不应予以支持。

（6）从双方当事人在两案中的诉讼请求看，后诉的诉讼请求如果成立，存在实质上否定前诉裁判结果的可能，如果后诉的诉讼请求不能完全涵盖于前诉的裁判结果之中，后诉和前诉的诉讼请求所依据的民事法律关系并不完全相同，前诉和后诉并非重复诉讼。

（7）股东大会决议无效与分配股份属于不同的请求，

不构成重复诉讼。

(8) 当事人提出的诉讼请求与已经生效的判决冲突，存在实质否定的，应通过再审解决，提起新的诉讼属于重复诉讼。

重要法条链接

［必要共同诉讼中上诉人和被上诉人的确定］《民诉解释》第319条　必要共同诉讼人的一人或者部分人提起上诉的，按下列情形分别处理：

（一）上诉仅对与对方当事人之间权利义务分担有意见，不涉及其他共同诉讼人利益的，对方当事人为被上诉人，未上诉的同一方当事人依原审诉讼地位列明；

（二）上诉仅对共同诉讼人之间权利义务分担有意见，不涉及对方当事人利益的，未上诉的同一方当事人为被上诉人，对方当事人依原审诉讼地位列明；

（三）上诉对双方当事人之间以及共同诉讼人之间权利义务承担有意见的，未提起上诉的其他当事人均为被上诉人。

［一审漏判的处理方式］《民诉解释》326条　对当事人在第一审程序中已经提出的诉讼请求，原审人民法院未作审理、判决的，第二审人民法院可以根据当事人自愿的原则进行调解；调解不成的，发回重审。

［一审漏人的处理方式］《民诉解释》第327条　必须参加诉讼的当事人或者有独立请求权的第三人，在第一审程序中未参加诉讼，第二审人民法院可以根据当事人自愿的原则予以调解；调解不成的，发回重审。

[二审中增加诉讼请求、反诉的处理方式]《民诉解释》第 328 条　在第二审程序中，原审原告增加独立的诉讼请求或者原审被告提出反诉的，第二审人民法院可以根据当事人自愿的原则就新增加的诉讼请求或者反诉进行调解；调解不成的，告知当事人另行起诉。

双方当事人同意由第二审人民法院一并审理的，第二审人民法院可以一并裁判。

[一审判决不准离婚的案件]《民诉解释》第 329 条　一审判决不准离婚的案件，上诉后，第二审人民法院认为应当判决离婚的，可以根据当事人自愿的原则，与子女抚养、财产问题一并调解；调解不成的，发回重审。

双方当事人同意由第二审人民法院一并审理的，第二审人民法院可以一并裁判。

[二审案件的审理范围]《民诉法》第 168 条　第二审人民法院应当对上诉请求的有关事实和适用法律进行审查。

[二审案件的审理方式]《民诉法》第 169 条　第二审人民法院对上诉案件，应当组成合议庭，开庭审理。经过阅卷、调查和询问当事人，对没有提出新的事实、证据或者理由，合议庭认为不需要开庭审理的，可以不开庭审理。

[二审可以不开庭审理的情形]《民诉解释》第 333 条　第二审人民法院对下列上诉案件，依照民事诉讼法第一百六十九条规定可以不开庭审理：

（一）不服不予受理、管辖权异议和驳回起诉裁定的；

（二）当事人提出的上诉请求明显不能成立的；

（三）原判决、裁定认定事实清楚，但适用法律错误的；

（四）原判决严重违反法定程序，需要发回重审的。

［撤回上诉］《民诉解释》第337条 在第二审程序中，当事人申请撤回上诉，人民法院经审查认为一审判决确有错误，或者当事人之间恶意串通损害国家利益、社会公共利益、他人合法权益的，不应准许。

［二审中撤回起诉］《民诉解释》第328条 在第二审程序中，原审原告申请撤回起诉，经其他当事人同意，且不损害国家利益、社会公共利益、他人合法权益的，人民法院可以准许。准许撤诉的，应当一并裁定撤销一审裁判。

原审原告在第二审程序中撤回起诉后重复起诉的，人民法院不予受理。

［二审案件的裁判方式］《民诉法》第170条 第二审人民法院对上诉案件，经过审理，按照下列情形，分别处理：

（一）原判决、裁定认定事实清楚，适用法律正确的，以判决、裁定方式驳回上诉，维持原判决、裁定；

（二）原判决、裁定认定事实错误或者适用法律错误的，以判决、裁定方式依法改判、撤销或者变更；

（三）原判决认定基本事实不清的，裁定撤销原判决，发回原审人民法院重审，或者查清事实后改判；

（四）原判决遗漏当事人或者违法缺席判决等严重违反法定程序的，裁定撤销原判决，发回原审人民法院重审。

原审人民法院对发回重审的案件作出判决后，当事人提起上诉的，第二审人民法院不得再次发回重审。

［重复起诉］《民诉解释》第247条 当事人就已经提起诉讼的事项在诉讼过程中或者裁判生效后再次起诉，同时

符合下列条件的，构成重复起诉：

（一）后诉与前诉的当事人相同；

（二）后诉与前诉的诉讼标的相同；

（三）后诉与前诉的诉讼请求相同，或者后诉的诉讼请求实质上否定前诉裁判结果。

当事人重复起诉的，裁定不予受理；已经受理的，裁定驳回起诉，但法律、司法解释另有规定的除外。

《民诉解释》第 251 条 二审裁定撤销一审判决发回重审的案件，当事人申请变更、增加诉讼请求或者提出反诉，第三人提出与本案有关的诉讼请求的，依照民事诉讼法第一百四十条规定处理。

第十二讲　审判监督程序

【考点提示】

再审的启动主体和方式	(1) 法院启动再审的方式和条件 (2) 当事人申请再审的法定事由和管辖法院：13 种、四大类事由 (3) 检察机关启动再审的条件和方式（抗诉 + 再审检察建议）
再审案件的审理程序	再审案件的审理法院 - 不同启动方式；审判组织形式；程序类型；审理范围；裁判方式

【知识点激活】

法院启动再审	本院启动再审：本院院长提交 + 审委会讨论决定
	上级法院启动再审：谁启动、谁再审
当事人申请再审	法定事由（13 种）：事实和证据问题 + 程序问题 + 法律问题 + 司法品行问题
	管辖：原则 - 原审法院的上一级法院；例外 - 一方当事人人数众多或者双方均为公民（可向原审法院申请）
	法律效力：当事人申请再审，不影响执行
	法院纠错先行、检察监督在后 - 当事人向检察院申请抗诉或检察建议的情形：法院驳回再审申请的；法院逾期未对再审申请作出裁定的；再审判决、裁定有明显错误的

续表

检察机关启动再审	对生效判决、裁定的监督事由：与当事人申请再审的法定事由相同
	监督两类调解书：损害国家利益、社会公共利益的调解书
	监督方式：抗诉；再审检察建议；调查核实权（对当事人、案外人）
再审中撤回起诉	其他当事人同意且不损害“三益”；禁止再次起诉
再审案件的审理程序	法院启动再审后可以不中止执行的情形：“四费一金一酬”
	审理程序：用何种程序进行再审，取决于由哪个法院负责再审。如果再审法院是原审法院或与原审法院同级的法院，则依照原生效裁判的审级确定程序，可能适用一审程序，也可能适用二审程序（“原一还一、原二还二”）。如果再审法院是原审法院的上级法院，则适用二审程序再审
	小额诉讼案件的再审：向原审法院申请；再审事由 VS 裁判效力
再审案件的审理范围	法院应在再审请求范围内或在抗诉支持当事人请求的范围内审理再审案件。当事人的再审请求超出原审诉讼请求的，不予审理；符合另案诉讼条件的，告知当事人可以另行起诉
	当事人超出原审范围增加、变更诉讼请求的，不属于再审审理范围。但涉及国家利益、社会公共利益，或者当事人在原审诉讼中已经依法要求增加、变更诉讼请求，原审未予审理且客观上不能形成其他诉讼的除外

重点突破

1. 当事人申请再审

例 1

大地公司与万江公司的运输合同纠纷，由甲市 A 县法院进行审理并判决支持了原告大地公司的所有诉讼请求，万江公司没有提出上诉。在判决生效后，万江公司以大地公司伪造主要证据为由申请再审。

请问：万江公司应当向哪个法院申请再审？法院适用何种程序进行再审？

思路解析

当事人对已经发生法律效力的判决、裁定，认为有错误的，可以向上一级法院申请再审；当事人一方人数众多或者当事人双方为公民的案件，也可以向原审法院申请再审。本案中双方当事人均为公司，因此万江公司应当向原审法院的上一级法院即甲市中级法院申请再审。

适用何种程序再审，取决于由哪个法院负责再审。本案中负责再审的法院是原审法院的上一级法院，属于提审的情形，应当适用二审程序再审，作出的再审裁判是生效裁判。

例 2

李明诉雍平赡养费纠纷案，一审法院适用简易程序审理，并通过微信通知双方当事人开庭，双方当事人均未回复。开庭当天雍平未到庭，法院遂缺席判决雍平每月向李明支付赡养费 1500 元。判决生效后，李明向法院申请强制执行，执行程序开始后，雍平向一审法院申请再审，法院审查后裁定再审，但没有中止原判决的执行。

结合本案，请回答下列问题：

（1）本案中送达开庭通知的方式是否合法？为什么？

（2）雍平的再审申请是否合法？为什么？

（3）本案中法院在裁定启动再审后没有中止原判决的执行，该种做法是否合法？

（4）再审法院应当用何种程序审理该案？

思路解析

（1）本案适用简易程序审理，可以用各种灵活的方式送达开庭通知，因此法院用微信通知双方当事人开庭时间的做法是合法的。

（2）雍平可以违法缺席判决为由申请再审，本案双方均为公民，因此雍平可以向原审法院申请再审，也可以向上一级法院申请。

（3）法院裁定启动再审后，原则上应当中止执行，但追索赡养费、扶养费、抚育费、抚恤金、医疗费用、劳动报酬等案件，可以不中止原判决、裁定、调解书的执行。本案属于追索赡养费的案件，因此法院中止执行或不中止执行的做法都是合法的。

（4）本案中雍平选择向原审法院即一审法院申请再审，因此应当用一审普通程序再审。

例 3

华控房地产开发有限公司与高格建筑安装有限公司建设工程施工合同纠纷一案，华控公司不服A省甲市中级法院的二审判决，向A省高级法院申请再审。A省高级法院对再审申请进行审查后裁定提审本案。在A省高级法院对该案进行再审期间，华控公司鉴于当事人已经达成和解协议且已履行完毕，于是向A省高级法院提交了撤诉申请书。

结合上述案情，请回答下列问题：

（1）华控公司可否向A省甲市中级法院申请再审？为什么？

（2）A省高级法院应当适用何种程序对该案进行再审？

（3）针对华控公司提出的撤诉申请，A省高级法院应当如何处理？

思路解析

（1）当事人对已经发生法律效力的判决、裁定，认为有错误的，可以向上一级法院申请再审；当事人一方人数众多或者当事人双方为公民的案件，也可以向原审法院申请再审。本案中双方当事人均为公司，因此华控公司只能向原审法院的上一级法院即A省高级法院申请再审，而不能向A省甲市中级法院申请再审。

（2）A省高级法院是原审法院的上级法院，属于提审的情形，因此应当用二审程序再审。

（3）再审法院经审查发现案件纠纷已经解决，当事人申请撤诉，且不损害国家利益、社会公共利益或第三人利益的，应当依法作出终结再审诉讼的裁定。因此A省高级法院应当裁定终结再审诉讼。

【案例拓展】 当事人就生效裁判文书的履行达成和解协议且已履行完毕，一方当事人申请再审的，法院应当裁定终结审查，但是当事人在和解协议中声明不放弃申请再审权利的情形除外。

2. 检察机关启动再审

请判断检察机关的下列做法是否合法：①

（1）P区检察院认为T区法院的生效裁定书适用法律错误，于是向T区法院提出检察建议。

（2）甲与乙的交通事故损害赔偿纠纷在某市A区法院的主持下以调解的方式结案，调解书生效后，某市A区检察院认为该调解书损害了案外人丙的合法权益，于是对该调解书提出再审检察建议。

（3）甲市A区检察院认为甲市A区法院的法官单某在作出司法确认裁定时徇私舞弊，于是向A区法院提出检察建议。

（4）北京市人民检察院第一分院认为北京市海淀区法院在作出除权判决时存在适用法律错误的问题，于是向北京市第一中级人民法院提出了抗诉。

---

① 解析：

（1）检察建议只能发生在同级、同地域的检察院与法院之间，因此P区检察院只能监督P区法院，而无权向其他地域的法院提出检察建议。

（2）检察机关只能对损害国家利益或社会公共利益的调解书进行监督，而无权监督损害他人合法权益的调解书。

（3）各级检察院对审判监督程序以外的其他审判程序中审判人员的违法行为，有权向同级法院提出检察建议。因此，A区检察院对A区法院审判人员在非讼程序中的违法行为，有权提出对人检察建议。

（4）除权判决属于非讼案件，非讼案件不得上诉、不得再审，不适用再审的案件，亦不能抗诉。

（5）检察机关调查核实权的对象是当事人或案外人，而不包括法院，因此检察院可以对F公司进行调查核实，但无权对作出生效判决的法院进行调查核实。

（5）甲与F公司产品质量侵权纠纷一案，甲认为生效判决存在审判组织形式违法等问题，于是向检察院申请检察建议，检察机关于是向F公司和作出生效判决的法院进行了调查核实。

重要法条链接

［当事人申请再审的管辖法院］《民诉法》第199条 当事人对已经发生法律效力的判决、裁定，认为有错误的，可以向上一级人民法院申请再审；当事人一方人数众多或者当事人双方为公民的案件，也可以向原审人民法院申请再审。当事人申请再审的，不停止判决、裁定的执行。

［离婚案件的再审问题］《民诉解释》第382条 当事人就离婚案件中的财产分割问题申请再审，如涉及判决中已分割的财产，人民法院应当依照民事诉讼法第二百条的规定进行审查，符合再审条件的，应当裁定再审；如涉及判决中未作处理的夫妻共同财产，应当告知当事人另行起诉。

［当事人申请再审的法定情形］《民诉法》第200条 当事人的申请符合下列情形之一的，人民法院应当再审：

（一）有新的证据，足以推翻原判决、裁定的；

（二）原判决、裁定认定的基本事实缺乏证据证明的；

（三）原判决、裁定认定事实的主要证据是伪造的；

（四）原判决、裁定认定事实的主要证据未经质证的；

（五）对审理案件需要的主要证据，当事人因客观原因不能自行收集，书面申请人民法院调查收集，人民法院未调查收集的；

（六）原判决、裁定适用法律确有错误的；

（七）审判组织的组成不合法或者依法应当回避的审判人员没有回避的；

（八）无诉讼行为能力人未经法定代理人代为诉讼或者应当参加诉讼的当事人，因不能归责于本人或者其诉讼代理人的事由，未参加诉讼的；

（九）违反法律规定，剥夺当事人辩论权利的；

（十）未经传票传唤，缺席判决的；

（十一）原判决、裁定遗漏或者超出诉讼请求的；

（十二）据以作出原判决、裁定的法律文书被撤销或者变更的；

（十三）审判人员审理该案件时有贪污受贿，徇私舞弊，枉法裁判行为的。

[再审案件的审理程序]《民诉法》第 207 条第 1 款 人民法院按照审判监督程序再审的案件，发生法律效力的判决、裁定是由第一审法院作出的，按照第一审程序审理，所作的判决、裁定，当事人可以上诉；发生法律效力的判决、裁定是由第二审法院作出的，按照第二审程序审理，所作的判决、裁定，是发生法律效力的判决、裁定；上级人民法院按照审判监督程序提审的，按照第二审程序审理，所作的判决、裁定是发生法律效力的判决、裁定。

[当事人申请检察机关抗诉或检察建议的情形]《民诉法》第 209 条第 1 款 有下列情形之一的，当事人可以向人民检察院申请检察建议或者抗诉：

（一）人民法院驳回再审申请的；

（二）人民法院逾期未对再审申请作出裁定的；

（三）再审判决、裁定有明显错误的。

［再审中撤回起诉］《民诉解释》第410条　一审原告在再审审理程序中申请撤回起诉，经其他当事人同意，且不损害国家利益、社会公共利益、他人合法权益的，人民法院可以准许。裁定准许撤诉的，应当一并撤销原判决。

一审原告在再审审理程序中撤回起诉后重复起诉的，人民法院不予受理。

［再审检察建议的效力］《民诉解释》第419条　人民法院收到再审检察建议后，应当组成合议庭，在三个月内进行审查，发现原判决、裁定、调解书确有错误，需要再审的，依照民事诉讼法第一百九十八条规定裁定再审，并通知当事人；经审查，决定不予再审的，应当书面回复人民检察院。

［再审的审理范围］《民诉解释》第405条　人民法院审理再审案件应当围绕再审请求进行。当事人的再审请求超出原审诉讼请求的，不予审理；符合另案诉讼条件的，告知当事人可以另行起诉。

被申请人及原审其他当事人在庭审辩论结束前提出的再审请求，符合民事诉讼法第二百零五条规定的，人民法院应当一并审理。

人民法院经再审，发现已经发生法律效力的判决、裁定损害国家利益、社会公共利益、他人合法权益的，应当一并审理。

《民诉解释》第252条　再审裁定撤销原判决、裁定发回重审的案件，当事人申请变更、增加诉讼请求或者提出反诉，符合下列情形之一的，人民法院应当准许：

（一）原审未合法传唤缺席判决，影响当事人行使诉讼权利的；

（二）追加新的诉讼当事人的；

（三）诉讼标的物灭失或者发生变化致使原诉讼请求无法实现的；

（四）当事人申请变更、增加的诉讼请求或者提出的反诉，无法通过另诉解决的。

［终结审查的情形］《民诉解释》第 402 条 再审申请审查期间，有下列情形之一的，裁定终结审查：

（一）再审申请人死亡或者终止，无权利义务承继者或者权利义务承继者声明放弃再审申请的；

（二）在给付之诉中，负有给付义务的被申请人死亡或者终止，无可供执行的财产，也没有应当承担义务的人的；

（三）当事人达成和解协议且已履行完毕的，但当事人在和解协议中声明不放弃申请再审权利的除外；

（四）他人未经授权以当事人名义申请再审的；

（五）原审或者上一级人民法院已经裁定再审的；

（六）有本解释第三百八十三条第一款规定情形的。

第十三讲　涉外民事诉讼程序

【知识点激活】

一般原则	委托中国律师代理原则≠诉讼代理人必须是中国人
国别专属管辖	只能由中国法院管辖：因在中国履行的中外合资经营企业合同、中外合作经营企业合同、中外合作勘探开发自然资源合同发生纠纷提起的诉讼
涉外期间	住所标准：特殊的上诉期、答辩期仅适用于在我国无住所的当事人
	涉外民事案件不受一审、二审审限的限制
司法协助	一般司法协助：代为送达文书、调查取证、查询外国法资料等
	特殊司法协助：我国对外国法院裁判、仲裁裁决的承认和执行；外国对我国法院裁判、仲裁裁决的承认和执行
其他特殊规定	重大涉外案件－中级法院管辖；涉外诉讼调解可作判决书；不适用小额诉讼

例

中国公民小玉（居住在A市B区）与韩国留学生志浣（居住在A市C区）因借款合同发生纠纷诉至C区法院，小玉要求志浣返还借款6000元及利息300元。

结合本案，请辨析下列说法是否正确：

（1）因本案权利义务关系较为明确且标的额小，C法院可以适用小额诉讼程序进行审理。

（2）在送达本案的相关文书时，经过小玉的同意，可以适用电子送达，但对志浣不得电子送达。

（3）本案一审的审理期限原则上为6个月。

（4）如果不服一审法院的判决，小玉的上诉期为15天，志浣的上诉期为30天。

（5）如果志浣需要委托诉讼代理人，那必须是中国公民。

（6）如果小玉和志浣在案件审理过程中经过法院的调解达成了调解协议，则可以请求法院依据该协议制作判决书。

思路解析

（1）该说法错误。涉外诉讼一律不得适用小额诉讼程序。

（2）该说法错误。在涉外诉讼中，对中国人和外国人都可以适用电子送达，但须经过受送达人的同意。

（3）该说法错误。涉外诉讼不受一审、二审审限的限制。

（4）该说法错误。本案虽然属于涉外诉讼，但双方当事人在中国都有住所，不能适用特殊的上诉期，因此对小玉和志浣的上诉期均为15天。

（5）该说法错误。如果志浣需要委托律师作为诉讼代理人的，只能委托中国律师，但若委托代理人以律师之外的其他身份代理，不限制国籍。

（6）该说法正确。涉外诉讼的调解协议可以请求法院制作判决书。

解题窍门：题干中的当事人一旦出现外国人或外国公司的，立马定性属于涉外诉讼。

第十四讲　特别程序

【考点提示】

特别程序的特点	非讼性；审判组织；审级制度；审限；级别管辖；救济机制
选民资格案件	争讼性；无须利害关系；申诉处理前置；单一式合议制
宣告公民失踪或死亡案件	宣告失踪、宣告死亡各自的条件；变更财产代管人的程序；失踪人或宣告死亡人重新出现后的处理
认定无、限人案件	申请条件和程序；诉讼程序与特别程序的关系（诉讼中止）；救济机制
确认调解协议案件	主体要求；管辖法院；申请时限和申请方式；审理程序；法律效力
实现担保物权案件	申请条件；管辖法院；审查方式和审查内容；处理方式

【知识点激活】

性质	除选民资格案件外，其他五种均为非讼案件
审判组织	选民资格为单一式合议制，其他五种原则上独任制，重大、疑难单一式合议制
共性	不得上诉、不得再审、不得调解、不适用陪审制
文书	确认调解协议和实现担保物权的案件，用裁定书；其他四种用判决书

续表

救济机制	当事人或利害关系人提出异议 + 法院作出新判决或裁定、撤销原判决或裁定
确认调解协议案件	双方共同申请 + 调解组织所在地基层法院 + 协议生效之日起 30 日内 + 书面或口头申请 + 应当通知双方共同到场进行核实 + 裁定书
实现担保物权案件	担保物权人或其他有权实现担保物权的人 + 担保财产所在地或担保物权登记地基层法院 + 当事人对实现担保物权有无实质争议、实现担保物权的条件是否成就

重点突破

1. 选民资格案件

例 1

在基层人大代表换届选举中，村民赵某发现选举委员会公布的选民名单中遗漏了自己的邻居范某，于是向选举委员会提出申诉。选举委员会认为赵某与本案没有直接利害关系，无权提出申诉，因此驳回了赵某的申请，赵某不服诉至法院。

结合上述案情，请回答：

（1）法院是否应当以赵某与案件没有直接利害关系为由，裁定驳回赵某的起诉？为什么？

（2）法院在审理该案时，应当适用哪种审判组织形式？

（3）哪些主体需要参加该诉讼案件的审理？

（4）如果赵某对选民资格案件的判决不满意，其可否提起上诉？

思路解析

（1）不应当。因为提起选民资格案件的诉讼，不要求起诉人与案件有直接利害关系。

（2）法院审理选民资格案件，只能用单一式合议制。

（3）起诉人、选民资格本人以及选举委员会的代表需要参加选民资格案件的审理。

（4）选民资格案件属于特别程序案件，因此一审终审，不得上诉、不得再审。

2. 确认调解协议案件（司法确认）

例 2

2018 年 6 月世界杯期间，居住在甲市 A 区的付某与居住在甲市 C 区的钟某签订了一份借款合同，约定付某向钟某借款 30000 元用于购买足彩，2018 年 7 月 15 日连本带息一并返还 33000 元。双方同时约定，如果因履行合同发生争议，均提交甲市 B 区的仲裁委员会仲裁。直至 2018 年 8 月 1 日，付某仍未能依约还款。2018 年 8 月 6 日，付某和钟某向当地居委会的人民调解委员会请求调解。

结合本案，请回答下列问题：

（1）如果二人经过调解委员会的调解后，未能达成协议，那么他们还可以通过哪些途径来解决该纠纷？

（2）如果二人在调解委员会的主持下达成调解协议，约定：2018 年 8 月 20 日之前，付某一次性向钟某返还借款 3 万元，钟某放弃利息。但之后付某未能按时履行该协议，此时钟某如何维护自身权益？

（3）如果二人在调解委员会的主持下达成调解协议，约定：2018 年 8 月 20 日之前，付某一次性向钟某返还借款 3 万元，钟某放弃利息。协议达成后，钟某希望该协议能够被司法确认，请问需要满足哪些条件、通过哪些程序来进行司法确认？

思路解析

（1）如果未能达成人民调解协议，二人还可以尝试自行和解，或者向法院起诉。虽然双方在借款合同中订立有仲裁条款，但县和不设区的市没有民商事仲裁机构，因此约定了根本不存在的仲裁机构，仲裁协议自始无效。

（2）若付某未履行调解协议，钟某可以针对该调解协议起诉，但不能直接针对原纠纷起诉。

（3）若想申请司法确认，须在协议生效之日起30日内，钟某与付某共同向调解组织所在地的基层法院提出申请，申请的方式可以口头也可以书面。

3. 实现担保物权案件

例3

威尔信建筑公司与甲银行订立了标的额为1亿元的贷款合同，威尔信公司的总裁李某用自己位于广州市白云区的四套营业房为威尔信公司提供抵押担保。贷款到期后，因威尔信公司无力偿还贷款，甲银行向法院申请适用特别程序实现对这四套营业房的抵押权。

结合本案，请回答下列问题：

（1）甲银行应当向哪个法院提出实现担保物权的申请？

（2）法院在对甲银行的申请审查时，应当适用何种审判组织形式？为什么？

（3）如果法院经过审查后裁定驳回了甲银行的申请，甲银行可以如何维护自身的合法权益？

思路解析

（1）申请实现担保物权，由担保物权人以及其他有权请求实现担保物权的人依照物权法等法律，向担保财产所在地或者担保物权登记地基层法院提出。因此，甲银行应当向担保财产所在地的法院，即广州市白云区法院提出申请。

（2）实现担保物权的案件可以由审判员一人独任审查；担保财产标的额超过基层法院管辖范围的，应当组成合议庭进行审查。本案中担保标的金额为1亿元，因此应当由基层法院适用单一式合议制进行审查。

（3）法院受理申请后，经审查，符合法律规定的，裁定拍卖、变卖担保财产，当事人依据该裁定可以向法院申请执行；不符合法律规定的，裁定驳回申请，当事人可以向法院提起诉讼。因此甲银行可以就该抵押权向法院提起诉讼。

申请权人	担保物权人＋其他有权实现担保物权的人
管辖法院	担保财产所在地或担保物权登记地基层法院
文书形式	裁定书
审查方式	独任制为原则，重大、疑难时组成合议庭审查
审查内容	当事人对实现担保物权有无实质争议；实现担保物权的条件是否成就
处理方式	裁定准许拍卖、变卖担保财产；裁定驳回申请并告知当事人向法院起诉

第十五讲　督促程序

【考点提示】

申请支付令的条件	适用范围；管辖法院；审级制度；送达方式
支付令的法律效力	督促效力 VS 执行效力
对支付令的异议	异议时限；异议方式；异议内容；异议审查；法律后果
程序转换	支付令失效－非讼转为诉讼；审前准备阶段－诉讼转督促
救济渠道	不得上诉、不得再审、自带特殊救济

【知识点激活】

适用条件	债务人下落不明或不在我国境内的，不得适用督促程序
	给付金钱或有价证券
	债权人已经申请诉前保全的，不得适用督促程序
	债权人与债务人之间没有其他债务纠纷，无对待给付义务
送达方式	支付令不得公告送达，但可以留置送达
管辖	债务人住所地基层法院（不受债权金额限制）
审判组织	独任制
审级制度	不得上诉、不得再审
异议要求	15 日内＋须书面＋法院须对异议进行形式审查
	异议无效：口头异议；向其他法院起诉；主张无偿还能力
法律效力	督促效力＋执行力

续表

程序转换（双向）	督促程序终结、支付令失效：自动转入诉讼程序，但申请人拒绝的除外
	当事人无争议且符合督促程序适用条件的：诉讼程序可以转入督促程序
救济途径	院长提交审委会讨论决定，裁定撤销支付令，终结督促程序

例

林某（住所地为B区）向A区法院申请支付令，督促其同事叶某（住所地为A区）返还借款200万元。送达支付令时，叶某拒绝签收，A区法院于是进行了留置送达。

结合上述情形，请辨析下列说法：

（1）如果在留置送达后的第10天，叶某向B区法院提起了诉讼，此时法院应当裁定终结督促程序，支付令失效。

（2）如果在留置送达后的第10天，叶某以口头方式向A区法院提出异议，称一个月前已经将借款全额返还给林某，法院无须审查该异议，应当裁定终结督促程序。

（3）如果在留置送达后的第10天，叶某以书面方式向A区法院提出异议，称自己目前实在无力偿还欠款，则法院应当裁定终结督促程序。

（4）如果在留置送达后的第10天，叶某以从未向林某借钱为由向法院提出书面异议，此时法院应当裁定终结督促程序并将本案转为诉讼程序审理，除非林某或叶某明确拒绝。

思路解析

（1）该说法错误。被申请人向其他法院起诉的，不影响支付令的效力。

（2）该说法错误。对支付令的异议须以书面方式提出，口头异议无效。此外，法院对异议须进行形式审查。

（3）该说法错误。债务人对债务本身没有异议，只是提出缺乏清偿能力、延缓债务清偿期限、变更债务清偿方式等异议的，属于无效异议。

（4）该说法错误。只有债权人也即申请人才有权拒绝转入诉讼程序，叶某作为债务人即被申请人，无权拒绝程序的转换。

解题窍门：支付令可以留置送达，但不能公告送达。口头异议、向其他法院起诉、超过15天异议期提出、仅主张没钱还或过几天还，都属于无效异议，不影响支付令的效力。

第十六讲　公示催告程序

【考点提示】

公式催告程序的适用条件	适用范围；申请主体和申请对象；申请原因；申请方式；管辖法院；审判组织；审级制度；审理方式
公示催告阶段	止付通知；公告期限；申报权利的期限及审查方式、法律后果
除权判决阶段	启动方式；时间限制；法律效力

【知识点激活】

适用范围	按照规定可以背书转让的票据 + 依法可以申请公示催告的其他事项
管辖	票据支付地的基层法院
审判组织形式	公示催告的公告阶段 - 独任制；除权判决 - 单一式合议制
申请条件	（1）原因：票据被盗、遗失或者灭失 （2）申请人：票据的最后合法持有人
通知止付与公告	（1）法院决定受理申请，应当同时通知支付人停止支付。法院的止付通知是具有强制力的司法决定，支付人收到法院的止付通知，应当停止支付，至公示催告程序终结。支付人收到停止支付通知后拒不止付的，除可依法采取强制措施外，在判决后支付人仍应承担付款义务 （2）在受理案件后 3 日内发出公示催告公告，公示催告的公告期间不得少于 60 日。公示催告期间，转让票据的行为无效

续表

除权判决	（1）除权判决只能依申请启动，法院不能依职权主动作出 （2）时间限制：自公示催告期间届满之日起 1 个月内提出申请 （3）除权判决自公告之日起生效，不得上诉、不得再审

例

天天科技公司一张金额为 300 万元的汇票被盗，天天公司遂向法院申请公示催告。法院受理申请后立即通知支付人甲银行停止支付，并发出公示催告的公告，督促利害关系人申报权利。在公告期限内，天天公司按照原计划与佰盛软件公司签订了专利购买合同，并将该汇票的权利转让给佰盛公司作为付款。公告期内，A 公司向法院申报权利，但法院驳回了 A 公司的权利申报。

结合上述案情，请回答以下问题：

（1）法院发出的停止支付通知，对甲银行有何效力？

（2）天天公司将汇票权利转让给佰盛公司的行为是否有效？为什么？

（3）对 A 公司的权利申报，法院应当如何审查？A 公司是否需要证明自己是该张汇票的合法所有权人？

（4）如果公告期限届满后的第三天，A 公司才向法院申报权利，法院是否应当受理？为什么？

（5）在公告期限届满后，法院能否直接作出除权判决？为什么？

思路解析

（1）法院的止付通知是具有强制力的司法决定，甲银行收到法院的止付通知，应当停止支付，至公示催告程序终结。如果甲银行收到停止支付通知后拒不止付的，除可依法采取强制措施外，在判决后甲银行仍应承担付款义务。

（2）在公示催告期间天天公司转让票据的行为无效。

（3）对A公司的权利申报，法院仅作形式审查，即只审查利害关系人申报的权利凭证和申请人公示催告的权利凭证是否为同一凭证，对权利凭证的实际归属不作实质审查。因此A公司无须证明自己是汇票的合法所有权人。

（4）在除权判决作出前，利害关系人都有权申报权利。

（5）除权判决只能依申请作出，法院不得依职权作出除权判决。申请人应当自公示催告期间届满之日起1个月内提出除权判决的申请。

第十七讲　执行程序

【考点提示】

执行管辖	各类执行根据的执行管辖法院；诉讼管辖异议 VS 执行管辖异议
执行程序的启动	移送执行的情形；申请执行的条件；执行通知
执行行为异议	提出主体；异议理由；形式和程序；处理方式及救济机制
执行标的异议	异议主体；异议理由；提出方式和管辖法院；审查后的处理方式
执行异议之诉	案外人执行异议之诉 VS 申请执行人执行异议之诉
委托执行	适用前提；异议审查
执行担保	担保方式；成立条件；法律后果；担保期间；公司担保；救济机制
执行和解	性质与效力；不履行协议 - 可恢复、可起诉；履行瑕疵 - 另行起诉
参与分配	适用条件；执行顺位；财产分配方案与财产分配方案异议之诉
各类执行措施	对财产、对行为的执行措施；威慑性、保障性措施

【知识点激活】

◆执行根据与执行管辖

<table>
<tr><th colspan="2">执行根据的种类</th><th>执行管辖法院</th></tr>
<tr><td colspan="2">诉讼案件－法院制作的发生法律效力的民事判决书、裁定书、调解书，以及具有财产内容的刑事判决书、裁定书</td><td>一审法院或与一审法院同级的被执行财产所在地法院</td></tr>
<tr><td rowspan="2">非讼案件中的生效法律文书</td><td>确认调解协议、实现担保物权的裁定以及支付令</td><td>作出裁定、支付令法院或与其同级的被执行财产所在地法院</td></tr>
<tr><td>认定财产无主判决</td><td>谁作出、谁负责执行</td></tr>
<tr><td colspan="2">仲裁裁决书、公证债权文书</td><td>被执行人住所地或被执行财产所在地法院</td></tr>
</table>

◆诉讼管辖异议 VS 执行管辖异议

	诉讼管辖权异议	执行管辖权异议
时间	提交答辩状期间	收到执行通知书之日起 10 日内
申请主体	原则上限于被告	被执行人
异议成立	裁定移送给有管辖权的法院	裁定撤销执行案件
救济机制	上诉	向上一级法院申请复议

◆执行异议之诉

	案外人执行异议之诉	申请执行人执行异议之诉（许可执行之诉）
前提	执行异议被裁定驳回	执行异议被裁定成立

续表

目的功能	阻碍执行	恢复促进执行
诉讼地位	案外人为原告，申请执行人为被告；被执行人反对案外人的，作为共同被告；不反对的，可列为第三人	申请执行人为原告，案外人为被告；被执行人反对申请执行人的，作为共同被告；不反对的，可列为第三人
举证责任	两种异议之诉中，案外人均应当就其对执行标的享有足以排除强制执行的民事权益承担举证证明责任	
审理程序	法院审理执行异议之诉案件，适用普通程序	

◆执行担保

担保的提供方式及要求	（1）被执行人自己提供担保——财产保 （2）第三人为被执行人提供担保——财产保或人保
公司提供担保	公司为被执行人提供执行担保的，应当提交符合公司法相关规定的公司章程、董事会或者股东会、股东大会决议
暂缓执行的期限与担保期间	暂缓执行的期限应当与担保书约定一致，但最长不得超过1年 担保期间自暂缓执行期限届满之日起计算。担保书中没有记载担保期间或者记载不明的，担保期间为1年
申请恢复执行的情形	担保书内容与事实不符，且对申请执行人合法权益产生实质影响的，法院可以依申请执行人的申请恢复执行
救济机制	暂缓执行期限届满后被执行人仍不履行义务，或者暂缓执行期间担保人有转移、隐藏、变卖、毁损担保财产等行为的，法院可以依申请执行人的申请恢复执行，并直接裁定执行担保财产或者保证人的财产，不得将担保人变更、追加为被执行人

续表

担保期间届满的法律后果	担保期间届满后，申请执行人申请执行担保财产或者保证人财产的，法院不予支持。他人提供财产担保的，法院可以依其申请解除对担保财产的查封、扣押、冻结
担保人的追偿权	担保人承担担保责任后，提起诉讼向被执行人追偿的，法院应予受理

◆执行和解

执行和解的效力	达成执行和解协议后，原则上裁定中止执行；但申请执行人申请撤回执行申请的，裁定执行终结
特别授权	委托代理人代为执行和解，应当有委托人的特别授权
不得以物抵债裁定	当事人达成以物抵债执行和解协议的，法院不得依据该协议作出以物抵债裁定
不履行执行和解协议的处理	“可恢复、可起诉”——被执行人一方不履行执行和解协议的，申请执行人可以申请恢复执行原生效法律文书，也可以就履行执行和解协议向执行法院提起诉讼 申请执行人就履行执行和解协议提起诉讼，执行法院受理后，可以裁定终结原生效法律文书的执行。执行中的查封、扣押、冻结措施，自动转为诉讼中的保全措施
执行和解协议履行完毕后的救济	执行和解协议履行完毕，申请执行人因被执行人迟延履行、瑕疵履行遭受损害的，可以向执行法院另行提起诉讼
担保条款的效力	执行和解协议中约定担保条款，且担保人向法院承诺在被执行人不履行执行和解协议时自愿接受直接强制执行的，恢复执行原生效法律文书后，法院可以依申请执行人申请及担保条款的约定，直接裁定执行担保财产或者保证人的财产

◆执行程序的其他规定

移送执行的情形	(1)生效的具有给付"三费"内容的法律文书;(2)具有强制执行内容的民事制裁决定书;(3)刑事附带民事判决、裁定、调解书;(4)检察民事公益诉讼的生效裁判,被告不履行的
参与分配	被申请人须为非法人的主体;限于金钱债权;各申请人须有生效的执行根据
	参与分配方案异议之诉:异议人可以自收到通知之日起15日内,以提出反对意见的债权人、被执行人为被告,向执行法院提起诉讼;异议人逾期未提起诉讼,执行法院按照原分配方案进行分配
执行承担(追加、变更被执行人)	作为被执行人的一人有限责任公司,财产不足以清偿生效法律文书所确定的债务,股东不能证明公司财产独立于自己的财产,申请执行人申请变更、追加该股东为被执行人,对公司债务承担连带责任的,法院应予支持
	作为被执行人的法人或者其他组织分立、合并的,其权利义务由变更后的法人或者其他组织承受;作为法人的被执行人被撤销的,如果依有关实体法的规定有权利义务承受人的,可以裁定该权利义务承受人为被执行人
	其他组织在执行中不能履行法律文书确定的义务的,人民法院可以裁定执行对该其他组织依法承担义务的法人或者公民个人的财产
	被执行人为个人合伙无能力履行生效法律文书确定的义务的,人民法院可以裁定追加该合伙组织的合伙人为被执行人
析产	(1)共有人协议分割共有财产,并经债权人认可的,法院可以认定有效 (2)共有人提起析产诉讼或者申请执行人代位提起析产诉讼的,法院应当准许。诉讼期间中止对该财产的执行

续表

执行措施	代履行：须行为具有可替代性
	迟延履行金钱债务：加倍支付迟延履行期间的利息 迟延履行非金钱债务：迟延履行金；造成损失的，双倍补偿
	限制高消费
	失信被执行人名单、征信系统记录

1. 执行担保

例 1

在民事执行过程中，被执行人乙欲申请暂缓执行，由乙的表哥丙用其豪华轿车一部来提供担保，申请执行人甲同意。法院遂作出暂缓执行裁定，期限为八个月，但暂缓执行期限届满后，乙仍旧没有履行义务。

请问：此时甲如何救济自身的合法权益？

思路解析

依据《最高人民法院关于执行担保若干问题的规定》的相关规定，暂缓执行期限届满后被执行人仍不履行义务，或者暂缓执行期间担保人有转移、隐藏、变卖、毁损担保财产等行为的，法院可以依申请执行人的申请恢复执行，并直接裁定执行担保财产或者保证人的财产，不得将担保人变更、追加为被执行人。因此，甲可以申请法院恢复执行，法院直接裁定执行担保人丙提供的担保财产即豪华轿车，但被执行人仍然是乙，不得将丙追加为被执行人。

2. 执行和解

例 2

郭某与 A 公司的装修合同纠纷，经过二审法院审理并作出判决，A公司须向郭某支付违约金9万元，利息5000元，但A公司没有自觉履行该判决。郭某遂向法院申请执行，在执行过程中双方达成和解协议，约定A公司在一周内支付违约金9万元，郭某放弃5000元利息。但和解协议生效后，A公司没有履行协议。

请问：此时郭某可以通过哪些方式来保障自身的合法权益？

思路解析

依据最新司法解释的规定，被执行人一方不履行执行和解协议的，申请执行人可以申请恢复执行原生效法律文书，也可以就履行执行和解协议向执行法院提起诉讼。申请执行人就履行执行和解协议提起诉讼，执行法院受理后，可以裁定终结原生效法律文书的执行。因此，郭某有两种可选的方案：

（1）郭某可以申请法院恢复执行原生效的二审裁判，即要求A公司支付违约金9万元、利息5000元。

（2）郭某可以直接针对执行和解协议向执行法院提起诉讼，执行法院受理郭某的起诉后，可以裁定终结原生效判决书的执行。

解题窍门：执行和解协议“可恢复、可起诉”。

3. 执行行为异议

例3

甲诉乙搁置物致害损害赔偿纠纷案，法院判决乙应向甲支付损害赔偿金5万元，履行期限届满后，乙仍未实际履行，甲向法院申请强制执行。在执行程序中，由于乙没有现金，法院扣押了乙家中的一件玉石摆件准备拍卖。乙称该玉石摆件是传家宝，申请用一条价值与之相当的宝石项链替换，但法院认为项链不足以抵偿赔偿金，未同意乙的替换方案。

请问：此时乙可以通过什么方式来进行救济？

思路解析

当事人、利害关系人认为执行行为违反法律规定的，可以向负责执行的人民法院提出书面异议。当事人、利害关系人提出书面异议的，法院应当自收到书面异议之日起 15 日内审查，理由成立的，裁定撤销或者改正；理由不成立的，裁定驳回。当事人、利害关系人对裁定不服的，可以自裁定送达之日起 10 日内向上一级法院申请复议。因此，本案中乙作为当事人可以向执行法院提出执行行为异议，若法院审查后裁定乙的执行行为异议成立，将裁定撤销或改正违法的执行行为；若法院审查后裁定驳回了乙的执行行为异议，乙可以自裁定送达之日起 10 日内向上一级法院申请复议。

4. 三撤、执行异议、案外人再审

例 4

为举办订婚典礼，小丽向表姐小梅借了一条祖母绿项链，在订婚宴上，小丽的同事大刚觉得小丽所佩戴的项链很好看，想买下送给自己的女友。小丽遂以 20 万元的价格将项链卖给了大刚，双方约定由大刚先付款，小丽在 10 日内交付项链。大刚依约付清了项链的全款，但小丽以各种理由搪塞而始终拒绝交付项链。在多次沟通无果的情况下，大刚将小丽诉至法院，要求其交付祖母绿项链，一审法院判决支

持了大刚的请求，小丽没有上诉。在执行该判决时，小梅才得知上述情况。

请问：小梅可以通过哪些措施来救济自身的合法权益？

思路解析

小梅有以下三种可能的救济途径：

（1）小梅可以向执行法院提出执行标的异议，主张大刚与小丽之间的生效判决错误，自己才是项链的真正所有权人。如果法院裁定驳回了小梅的执行异议，小梅作为案外人可以申请再审。

（2）小梅可以向作出生效判决的法院提出第三人撤销之诉，小梅作为原告，大刚和小丽作为共同被告，法院适用一审普通程序审理。

（3）小梅可以向作出生效判决的法院申诉，要求该法院依职权对大刚与小梅的案件启动再审。

解题窍门：三撤与案外人再审不得同时适用，小梅可以先三撤、后执行标的异议；也可以先执行标的异议、后案外人再审，但绝对不得叠加适用三撤和案外人再审。

5. 执行异议之诉

例 5

贾某与侯某借款合同纠纷一案，二审法院判决侯某在30日内向贾某返还借款10万元，履行期限届满后，侯某未履行该判决，贾某向法院申请执行。执行过程中，法院扣押了侯某家中的一幅名家字画，案外人刘某提出异议，称该幅字画是其借给侯某观赏的，应当为自己所有，不能作为执行对象。

结合上述案情，请回答下列问题：

（1）如果法院裁定驳回了刘某的异议，刘某可以通过何种方式来救济自身的权益？

（2）如果法院裁定刘某的异议成立并中止执行，此时贾某可能通过何种机制来恢复执行？

思路解析

（1）本案中案外人刘某提出的执行标的异议指向执行标的即字画的所有权归属，因此配备的救济机制应当是执行异议之诉。若法院裁定驳回案外人刘某的执行异议，刘某可以提起案外人执行异议之诉，刘某作为原告、申请执行人贾某作为被告，而被执行人侯某的诉讼地位视其态度而定，可能是共同被告、也可能是第三人。

（2）如果法院裁定案外人刘某的执行异议成立并中止执行，贾某可以提起申请执行人执行异议之诉来尝试恢复执行，贾某作为原告，案外人刘某作为被告，而被执行人侯某的诉讼地位视其态度而定，可能是共同被告、也可能是第三人。

解题窍门：（1）若案外人的执行标的异议与原生效裁判的正确性无关，而是指向执行标的所有权归属问题，则引发的救济机制是执行异议之诉，但究竟引发何种执行异议之诉，取决于法院对案外人执行标的异议的裁定结果——若裁定案外人的执行异议成立，可能引发申请执行人执行异议之诉；若裁定驳回案外人的执行异议，可能引发案外人执行异议之诉。

（2）解答执行异议的相关题目时，须抓住两大要素：

第一，执行异议是谁提出的（当事人或案外人）；第二，异议的具体内容究竟是什么——①仅仅指向法院行为的合法性，即执行行为异议，如果异议被裁定驳回，可以向上一级法院申请复议；②指向原生效裁判的正确性，如果异议被裁定驳回，案外人可申请再审；③与原生效裁判无关，指向执行标的的所有权归属问题，如果异议被裁定驳回，案外人可提起案外人执行异议之诉。

6. 参与分配

例 6

邹某向法院申请执行柳某的财产，黄某和杨某向法院申请参与分配，法院根据柳某的财产情况以及三位债权人各自的债权情况制定了财产分配方案。黄某认为分配方案不公平，向法院提出了异议，法院遂根据黄某的意见修正了分配方案，但邹某和杨某均反对修正后的分配方案。

请问：此时可以通过何种途径来解决针对财产分配方案的争议？

思路解析

多个债权人对执行财产申请参与分配的，执行法院应当制作财产分配方案，并送达各债权人和被执行人。债权人或者被执行人对分配方案有异议的，应当自收到分配方案之日起 15 日内向执行法院提出书面异议。未提出异议的债权人、被执行人自收到通知之日起 15 日内未提出反对意见的，执行法院依异议人的意见对分配方案审查修正后进行分配；提出反对意见的，应当通知异议人。异议人可以自收到通知之日起 15 日内，以提出反对意见的债权人、被执行人为被告，向执行法院提起诉讼；异议人逾期未提起诉讼，执行法院按照原分配方案进行分配。因此，解决财产分配方案争议的途径是提起财产分配方案异议之诉，由异议人黄某起诉邹某和杨某，黄某须在 15 日之内起诉，否则法院按照原分配方案进行分配。

7. 析产诉讼

例 7

黄某与刘某人身侵权损害赔偿纠纷一案，法院终审判决刘某向黄某赔偿医疗费、误工费等各项损失 20 万元。履行期限届满后，刘某迟迟不履行义务，黄某遂向法院申请强制执行。在执行过程中，法院查扣了刘某名下的一辆轿车，查扣后，刘某的两个创业伙伴向法院主张该辆车系三人共有。法院经审查，确认该汽车为三人共有。

结合上述案情，请回答下列问题：

（1）法院查扣该车辆的做法是否合法？为什么？

（2）如果刘某及其两位创业伙伴对该辆车达成了财产分割协议，请问该协议是否有效？为什么？

（3）本案中，谁可以提起析产诉讼？

思路解析

依据《最高人民法院关于人民法院民事执行中查封、扣押、冻结财产的规定》第 14 条的规定，对被执行人与其他人共有的财产，法院可以查封、扣押、冻结，并及时通知共有人。共有人协议分割共有财产，并经债权人认可的，法院可以认定有效。查封、扣押、冻结的效力及于协议分割后被执行人享有份额内的财产；对其他共有人享有份额内的财产的查封、扣押、冻结，法院应当裁定予以解除。共有人提起析产诉讼或者申请执行人代位提起析产诉讼的，法院应当准许。诉讼期间中止对该财产的执行。

（1）该车辆虽然属于共有财产，但法院仍然可以对其采取查扣措施。

（2）若刘某及其两位创业伙伴对该辆车达成了财产分割协议，该协议需要经过债权人黄某的认可，法院才可认定协议有效。

（3）该车辆的三位共有人可以提起析产诉讼；申请执行人黄某可以代位提起析产诉讼。

【案例拓展】

（1）最高法指导案例第36号"中投信用担保有限公司与海通证券股份有限公司等证券权益纠纷执行复议案"：被执行人在收到执行法院执行通知之前，收到另案执行法院要求其向申请执行人的债权人直接清偿已经法院生效法律文书确认的债务的通知，并清偿债务的，执行法院不能将该部分已清偿债务纳入执行范围。

（2）最高法指导案例第34号"李晓玲、李鹏裕申请执行厦门海洋实业（集团）股份有限公司、厦门海洋实业总公司执行复议案"：生效法律文书确定的权利人在进入执行程序前合法转让债权的，债权受让人即权利承受人可以作为申请执行人直接申请执行，无须执行法院作出变更申请执行人的裁定。

重要法条链接

［执行行为异议］《民诉法》第225条　当事人、利害

关系人认为执行行为违反法律规定的，可以向负责执行的人民法院提出书面异议。当事人、利害关系人提出书面异议的，人民法院应当自收到书面异议之日起十五日内审查，理由成立的，裁定撤销或者改正；理由不成立的，裁定驳回。当事人、利害关系人对裁定不服的，可以自裁定送达之日起十日内向上一级人民法院申请复议。

［执行标的异议］《民诉法》第227条 执行过程中，案外人对执行标的提出书面异议的，人民法院应当自收到书面异议之日起十五日内审查，理由成立的，裁定中止对该标的的执行；理由不成立的，裁定驳回。案外人、当事人对裁定不服，认为原判决、裁定错误的，依照审判监督程序办理；与原判决、裁定无关的，可以自裁定送达之日起十五日内向人民法院提起诉讼。

［案外人执行异议之诉］《民诉解释》第307条 案外人提起执行异议之诉的，以申请执行人为被告。被执行人反对案外人异议的，被执行人为共同被告；被执行人不反对案外人异议的，可以列被执行人为第三人。

《民诉解释》第312条 对案外人提起的执行异议之诉，人民法院经审理，按照下列情形分别处理：

（一）案外人就执行标的享有足以排除强制执行的民事权益的，判决不得执行该执行标的；

（二）案外人就执行标的不享有足以排除强制执行的民事权益的，判决驳回诉讼请求。

案外人同时提出确认其权利的诉讼请求的，人民法院可以在判决中一并作出裁判。

［申请执行人执行异议之诉］《民诉解释》第308条

申请执行人提起执行异议之诉的，以案外人为被告。被执行人反对申请执行人主张的，以案外人和被执行人为共同被告；被执行人不反对申请执行人主张的，可以列被执行人为第三人。

《民诉解释》第 313 条 对申请执行人提起的执行异议之诉，人民法院经审理，按照下列情形分别处理：

（一）案外人就执行标的不享有足以排除强制执行的民事权益的，判决准许执行该执行标的；

（二）案外人就执行标的享有足以排除强制执行的民事权益的，判决驳回诉讼请求。

［执行异议之诉的证明责任分配］《民诉解释》第 311 条 案外人或者申请执行人提起执行异议之诉的，案外人应当就其对执行标的享有足以排除强制执行的民事权益承担举证证明责任。

［执行和解］《民诉法》第 230 条 在执行中，双方当事人自行和解达成协议的，执行员应当将协议内容记入笔录，由双方当事人签名或者盖章。

申请执行人因受欺诈、胁迫与被执行人达成和解协议，或者当事人不履行和解协议的，人民法院可以根据当事人的申请，恢复对原生效法律文书的执行。

［可恢复、可起诉］《最高人民法院关于执行和解若干问题的规定》第 9 条 被执行人一方不履行执行和解协议的，申请执行人可以申请恢复执行原生效法律文书，也可以就履行执行和解协议向执行法院提起诉讼。

［参与分配方案］《民诉解释》第 512 条 债权人或者被执行人对分配方案提出书面异议的，执行法院应当通知未

提出异议的债权人、被执行人。

未提出异议的债权人、被执行人自收到通知之日起十五日内未提出反对意见的，执行法院依异议人的意见对分配方案审查修正后进行分配；提出反对意见的，应当通知异议人。异议人可以自收到通知之日起十五日内，以提出反对意见的债权人、被执行人为被告，向执行法院提起诉讼；异议人逾期未提起诉讼的，执行法院按照原分配方案进行分配。

诉讼期间进行分配的，执行法院应当提存与争议债权数额相应的款项。

《民诉解释》第513条 在执行中，作为被执行人的企业法人符合企业破产法第二条第一款规定情形的，执行法院经申请执行人之一或者被执行人同意，应当裁定中止对该被执行人的执行，将执行案件相关材料移送被执行人住所地人民法院。

《民诉解释》第514条 被执行人住所地人民法院应当自收到执行案件相关材料之日起三十日内，将是否受理破产案件的裁定告知执行法院。不予受理的，应当将相关案件材料退回执行法院。

《民诉解释》第515条 被执行人住所地人民法院裁定受理破产案件的，执行法院应当解除对被执行人财产的保全措施。被执行人住所地人民法院裁定宣告被执行人破产的，执行法院应当裁定终结对该被执行人的执行。

被执行人住所地人民法院不受理破产案件的，执行法院应当恢复执行。

《民诉解释》第516条 当事人不同意移送破产或者被执行人住所地人民法院不受理破产案件的，执行法院就执行变价所得财产，在扣除执行费用及清偿优先受偿的债权后，对于普通债权，按照财产保全和执行中查封、扣押、冻结财产的先后顺序清偿。

《企业破产法》第 19 条 人民法院受理破产申请后，有关债务人财产的保全措施应当解除，执行程序应当中止。

第十八讲　仲裁

【考点提示】

仲裁协议	仲裁的适用范围；仲裁协议的形式和内容；仲裁协议效力的确认；仲裁协议的独立性
仲裁程序	保全；仲裁庭的组成；回避；审理方式；和解与调解；裁决方式；文书简化
裁决执行	申请执行仲裁裁决的条件：主体、实现、管辖、救济机制
仲裁的司法审查	申请撤销国内仲裁裁决 VS 申请不予执行国内仲裁裁决：法定事由、具体条件、程序设置、法律后果
	申请撤销或不予执行涉外仲裁裁决

【知识点激活】

◆仲裁协议及其效力判断

协议方式	须书面，口头协议无效
协议内容	仲裁意思 + 仲裁事项（财产权益纠纷） + 仲裁机构
协议无效	无、限人订立的仲裁协议
	约定了根本不存在的仲裁机构（县或不设区的市无仲裁委）
	约定的仲裁事项不具有可仲裁性（人身权益纠纷不得仲裁）
效力判定	法院（裁定）或仲裁委员会（决定）
效力异议	仲裁庭首次开庭前

◆诉讼程序 VS 仲裁程序

	民事诉讼	民商事仲裁
适用范围	人身权益和财产权益纠纷	财产权益纠纷
启动方式	不告不理	有效的仲裁协议为前提
程序设置	两审终审为原则	一裁终局
回避	决定可复议 + 诉讼程序继续进行	当事人可申请已进行的程序重来
保全	诉前 – 依申请 诉中 – 依申请或依职权	均需依申请；仲裁前 – 直接向法院申请；仲裁中 – 向仲裁委申请再由其提交法院
	保全裁定可复议，复议期间不停止执行	
审理	公开审理为原则、不公开审理为例外（法定与依申请）	不公开审理为原则、公开审理为例外（保密性）；当事人合意可以书面仲裁
评议	提交审委会讨论决定 + 不同意见须记入笔录且应当签字	以首席仲裁员意见为准 + 不同意见可以记入笔录且可以不签字
和解	诉讼和解协议只能转化为调解书	仲裁和解协议可以转化为仲裁调解书或裁决书
调解	诉讼调解协议原则上只能转化为调解书（两种可以作判决书的例外）	仲裁调解协议可以转化为仲裁调解书或裁决书
法律文书	简易程序中裁判文书可以简化	当事人合意可以简化仲裁文书
相互关系	或裁或审；申请法院撤销或不予执行仲裁裁决；申请法院执行仲裁裁决；申请法院确认仲裁协议效力	

◆申请撤销国内仲裁裁决 VS 申请不予执行国内仲裁裁决

	申请撤销国内仲裁裁决	申请不予执行国内仲裁裁决
法定事由	程序事项 + 两种证据事项 + 职业品行	程序事项 + 两种证据事项 + 职业品行
申请主体	仲裁当事人	被执行人
申请时间	收到仲裁裁决书之日起 6 个月内	执行程序启动后、结束前
管辖法院	仲裁委所在地中级法院	受理执行申请的法院
程序设置	以两项证据事由申请撤销仲裁裁决时，法院可以通知重新仲裁	法院不能通知重新仲裁

◆案外人申请不予执行仲裁裁决

案外人申请不予执行制度（防范虚假仲裁）	案外人向法院申请不予执行仲裁裁决或仲裁调解书的条件： （1）有证据证明仲裁案件当事人恶意申请仲裁或者虚假仲裁，损害其合法权益； （2）案外人主张的合法权益所涉及的执行标的尚未执行终结； （3）自知道或者应当知道法院对该标的采取执行措施之日起 30 日内提出
	法院支持案外人不予执行申请的条件： （1）案外人系权利或者利益的主体； （2）案外人主张的权利或者利益合法、真实； （3）仲裁案件当事人之间存在虚构法律关系，捏造案件事实的情形； （4）仲裁裁决主文或者仲裁调解书处理当事人民事权利义务的结果部分或者全部错误，损害案外人合法权益

续表

案外人申请不予执行制度（防范虚假仲裁）	法院基于案外人申请裁定不予执行仲裁裁决或者仲裁调解书，当事人不服的，可以自裁定送达之日起10日内向上一级法院申请复议；法院裁定驳回或者不予受理案外人提出的不予执行仲裁裁决、仲裁调解书申请，案外人不服的，可以自裁定送达之日起10日内向上一级法院申请复议

1. 仲裁协议的效力

例1

陈大与陈二因遗产继承问题发生纠纷，双方书面约定由南京仲裁委员会仲裁。之后陈二反悔，向遗产所在地法院提起诉讼。

请问：法院应否受理陈二的起诉？为什么？

思路解析

民商事仲裁的适用范围仅限于财产权益争议，婚姻、收养、监护、扶养、继承等人身和身份关系纠纷不得仲裁，不具有可仲裁性。陈大与陈二将遗产继承纠纷约定适用仲裁，该事项不具有可仲裁性，因此仲裁协议自始无效，陈二有权向法院起诉。遗产继承纠纷诉讼由被继承人死亡时住所地或主要遗产所在地法院专属管辖。

例2

甲公司与乙公司签订了一份运输合同，在合同的纠纷解决条款中约定：如果因合同效力或合同履行等问题发生争议，将纠纷提交北京仲裁委员会或广州仲裁委员会解决。合同签订后，因甲公司未能按照约定的时间将货物运到，乙公司向法院起诉，要求甲公司承担违约责任。

请问：法院应否受理乙公司的起诉？为什么？

思路解析

仲裁协议约定两个以上仲裁机构的，当事人可以协议选择其中的一个仲裁机构申请仲裁；当事人不能就仲裁机构选择达成一致的，仲裁协议无效。本案中双方当事人选择了两个仲裁机构，这不会导致仲裁协议自始无效，但之后乙公司的起诉行为表明双方针对仲裁机构的选择已经无法达成一致，因此仲裁协议无效，法院应当受理乙公司的起诉。

例 3

甲公司与乙公司签订了一份教育培训服务协议，其中约定了仲裁条款：如因合同效力和合同履行发生争议，由杭州仲裁委员会仲裁。在合作过程中双方发生争议，甲公司向杭州仲裁委员会提出仲裁申请，要求确认该培训协议无效，杭州仲裁委员会予以受理。之后乙公司提交答辩书称，如果服务协议无效，那么其中的仲裁条款当然也无效，因此杭州仲裁委员会无权受理本案。

请问：杭州仲裁委员会应否受理该案？为什么？

思路解析

仲裁条款具有可以与主合同的其他条款相分离而独立存在的属性，对仲裁条款的效力应当单独判断。仲裁条款不因主合同的无效而无效，不因主合同被撤销而失效，也不因合同未成立而影响其效力。因此乙公司的答辩意见违反了仲裁协议的独立性，杭州仲裁委员会有权受理本案。

例 4

童心玩具公司与纯然材料公司在甲市 A 区签订了一份

原材料买卖合同，其中约定如因履行合同发生争议，由上海仲裁委员会仲裁或者向A区法院起诉。在合同履行过程中，因为材料质量等问题发生争议，童心玩具公司向上海仲裁委员会申请仲裁，仲裁委员会受理并向纯然材料公司送达了童心玩具公司的申请书副本。在仲裁庭第二次开庭时，纯然材料公司对仲裁协议的效力提出异议。

请问：此时仲裁庭应当如何处理该异议？

思路解析

当事人对仲裁协议的效力有异议，应当在仲裁庭首次开庭前提出。当事人在仲裁庭首次开庭前没有对仲裁协议的效力提出异议，而后向法院申请确认仲裁协议无效的，法院不予受理。因此，对仲裁协议效力提出异议的时间是仲裁庭首次开庭前，纯然材料公司在仲裁庭主持第二次开庭的答辩阶段才对仲裁协议的效力提出异议，已经超过了法定期限，仲裁庭应当驳回申请，继续审理案件。

2. 仲裁程序

例5

甲公司与乙公司的建设工程施工合同纠纷案，由A仲裁委员会的仲裁员刘某、韩某和付某担任仲裁员，其中付某为首席仲裁员。在开庭审理过程中，甲公司以付某接受乙公司的请客送礼为由提出了回避申请。

结合上述案情，请回答下列问题：

（1）对付某的回避申请，应当由谁作出决定？

（2）如果付某被决定回避，是否会对已经进行的仲裁程序产生影响？为什么？

思路解析

（1）对仲裁员的回避申请由仲裁委员会主任决定，付某作为首席仲裁员，亦属于仲裁员，因此应当由仲裁委员会主任来决定付某是否回避。

（2）如果付某被决定回避，需重新选定或指定一名仲裁员。当事人可以请求已经进行的仲裁程序重新进行，是否准许，由仲裁庭决定。仲裁庭也可以自行决定已进行的仲裁程序是否重新进行。

3. 仲裁司法监督

例 6

甲公司与乙公司的贸易合同由 A 仲裁委员会进行审理并作出裁决，仲裁庭支持了申请人甲公司的全部仲裁请求。之后，乙公司以甲公司伪造证据为由向法院申请撤销该仲裁裁决，法院在对乙公司的撤销申请审查过程中，甲公司向法院申请强制执行该仲裁裁决。

请问：法院应当如何处理甲公司的执行申请？

思路解析

《仲裁法解释》第 25 条规定："人民法院受理当事人撤销仲裁裁决的申请后，另一方当事人申请执行同一仲裁裁决的，受理执行申请的人民法院应当在受理后裁定中止执行。"换言之，如果一方申请执行裁决，另一方申请撤销裁决，则裁定中止执行。之后法院裁定撤销裁决的，应裁定终结执行；法院驳回撤销申请的，裁定恢复执行。因此，法院应当受理甲公司的执行申请，但受理申请后应当裁定中止申请，若法院裁定撤销甲公司与乙公司的仲裁裁决，则裁定终结执行；若法院驳回乙公司的撤销申请，则裁定恢复执行。

重要法条链接

［仲裁的适用范围］《仲裁法》第 2 条　平等主体的公民、法人和其他组织之间发生的合同纠纷和其他财产权益纠纷，可以仲裁。

《仲裁法》第 3 条　下列纠纷不能仲裁：

（一）婚姻、收养、监护、扶养、继承纠纷；

（二）依法应当由行政机关处理的行政争议。

［仲裁协议的独立性］《仲裁法》第 19 条　仲裁协议独立存在，合同的变更、解除、终止或者无效，不影响仲裁协议的效力。

仲裁庭有权确认合同的效力。

［机构名称不准确］《仲裁法解释》第 3 条　仲裁协议约定的仲裁机构名称不准确，但能够确定具体的仲裁机构的，应当认定选定了仲裁机构。

［只约定仲裁规则］《仲裁法解释》第 4 条　仲裁协议仅约定纠纷适用的仲裁规则的，视为未约定仲裁机构，但当事人达成补充协议或者按照约定的仲裁规则能够确定仲裁机构的除外。

［约定多个仲裁机构］《仲裁法解释》第 5 条　仲裁协议约定两个以上仲裁机构的，当事人可以协议选择其中的一个仲裁机构申请仲裁；当事人不能就仲裁机构选择达成一致的，仲裁协议无效。

［约定可诉可裁］《仲裁法解释》第 7 条　当事人约定争议可以向仲裁机构申请仲裁也可以向人民法院起诉的，仲

裁协议无效。但一方向仲裁机构申请仲裁，另一方未在仲裁法第二十条第二款规定期间内提出异议的除外。

［仲裁协议效力的认定］《仲裁法》第20条 当事人对仲裁协议的效力有异议的，可以请求仲裁委员会作出决定或者请求人民法院作出裁定。一方请求仲裁委员会作出决定，另一方请求人民法院作出裁定的，由人民法院裁定。

当事人对仲裁协议的效力有异议，应当在仲裁庭首次开庭前提出。

［申请撤销仲裁裁决的法定事由］《仲裁法》第58条 当事人提出证据证明裁决有下列情形之一的，可以向仲裁委员会所在地的中级人民法院申请撤销裁决：

（一）没有仲裁协议的；

（二）裁决的事项不属于仲裁协议的范围或者仲裁委员会无权仲裁的；

（三）仲裁庭的组成或者仲裁的程序违反法定程序的；

（四）裁决所根据的证据是伪造的；

（五）对方当事人隐瞒了足以影响公正裁决的证据的；

（六）仲裁员在仲裁该案时有索贿受贿，徇私舞弊，枉法裁决行为的。

人民法院经组成合议庭审查核实裁决有前款规定情形之一的，应当裁定撤销。

人民法院认定该裁决违背社会公共利益的，应当裁定撤销。

［申请不予执行仲裁裁决的法定情形］《民诉法》第237条第2、3、4、5款 被申请人提出证据证明仲裁裁决有下列情形之一的，经人民法院组成合议庭审查核实，裁定不予

执行：

（一）当事人在合同中没有订有仲裁条款或者事后没有达成书面仲裁协议的；

（二）裁决的事项不属于仲裁协议的范围或者仲裁机构无权仲裁的；

（三）仲裁庭的组成或者仲裁的程序违反法定程序的；

（四）裁决所根据的证据是伪造的；

（五）对方当事人向仲裁机构隐瞒了足以影响公正裁决的证据的；

（六）仲裁员在仲裁该案时有贪污受贿，徇私舞弊，枉法裁决行为的。

人民法院认定执行该裁决违背社会公共利益的，裁定不予执行。

裁定书应当送达双方当事人和仲裁机构。

仲裁裁决被人民法院裁定不予执行的，当事人可以根据双方达成的书面仲裁协议重新申请仲裁，也可以向人民法院起诉。

［案外人申请不予执行仲裁裁决］《最高人民法院关于人民法院办理仲裁裁决执行案件若干问题的规定》第 9 条 案外人向人民法院申请不予执行仲裁裁决或者仲裁调解书的，应当提交申请书以及证明其请求成立的证据材料，并符合下列条件：

（一）有证据证明仲裁案件当事人恶意申请仲裁或者虚假仲裁，损害其合法权益；

（二）案外人主张的合法权益所涉及的执行标的尚未执行终结；

（三）自知道或者应当知道人民法院对该标的采取执行措施之日起三十日内提出。

《最高人民法院关于人民法院办理仲裁裁决执行案件若干问题的规定》第18条 案外人根据本规定第九条申请不予执行仲裁裁决或者仲裁调解书，符合下列条件的，人民法院应当支持：

（一）案外人系权利或者利益的主体；

（二）案外人主张的权利或者利益合法、真实；

（三）仲裁案件当事人之间存在虚构法律关系，捏造案件事实的情形；

（四）仲裁裁决主文或者仲裁调解书处理当事人民事权利义务的结果部分或者全部错误，损害案外人合法权益。

第十九讲　民诉主观题抢分秘籍

一、民诉与仲裁案例分析解题技巧

综观历年考试真题，民诉案例分析题所涉及的考查点最为广泛，对考生综合运用、独立分析、分类讨论等能力的要求逐年提升。尤其是在“两考”时代的主观题阶段，案例考查的综合性和灵活性程度将不断加大，因此大家务必要重视案例分析能力的培养。

一方面，从命题点来看，民诉案例分析经常涉及的考点包括：主管与管辖的确定；当事人的确定；证据种类的判断与运用；证明责任的具体分配；各项证明制度和规则的适用；各类诉讼程序及其具体制度和规则。仲裁案例分析的常考点包括：仲裁协议效力的判定；仲裁程序及其与诉讼程序的异同；申请撤销或不予执行仲裁裁决。另一方面，从命题方式来看，相较于前几年较为定式的传统设问方法，近年来主观题的灵活性和综合性程度不断增强。例如：2018 年主观题考查了二审案件的审理范围、仲裁与破产程序的关系、申请撤销仲裁裁决、重复起诉等多个实体与程序相结合的考点；2017 年卷四的案例分析题，结合完整案情，综合考查了侵权案件的管辖、当事人的确定、证明责任的分配、一审和二审程序的合法性等多个考点；2016 年卷四的案例分析题，综合考查了当事人的确定、证明责任的分配、证据的证明力、当事人申请再审的管辖法院、再审案件的审理程序以及律师职业道德规范等多个考点；2015 年卷四的案例分析，采用理论与规范相结合的模式，考查了学生对相关联、相近似制度之间关系的理解和把握，涉及第三人撤销之诉、案外人执行标的异议、执行异议之诉以及案外人申请再审等制度之间的关系；2014 年卷四的案例分析，考查了学生运用所学知识进行分类讨论的能力，允许考生在假设条件的前提下，进行相应的分析和论证；2013 年卷四的案例分析，考查了法律文书写作以及开放式的论述等。鉴于此，以下将以法考改革的最新理念、命题趋势及考查方向为指引，结合近年来的典型真题，帮助大家掌握案例分析题的解题技巧，并为下一步的实战演练奠定基础。

【技巧一：轻松准确判定案件的管辖法院】

法院的主管范围和案件的管辖法院是案例分析的常考点，考生在拿到题目后，应当首先判断案件的性质和纠纷类型，依此判断是否属于专属管辖的适用范围。若不属于专属管辖的案件，须判断当事人之间是否存在有效的协议管辖；若无协议管辖或协议无效，则应当依据法定管辖的相关规则来判断。

总体解题路径：判断案件性质→判断是否存在主管问题→判断是否属于专属管辖→判断是否存在有效的协议管辖→适用法定管辖规则。

真题再现：（1）2018 年主观题考查了申请撤销仲裁裁决的管辖法院。（2）2017 年卷四第六题考查了侵权案件的管辖法院。（3）2011 年卷四第五题考查了劳动争议诉讼的前置程序即劳动争议仲裁，没有经过劳动争议仲裁，不能直接提起劳动争议诉讼，且申请劳动争议仲裁无须实现达成仲裁协议。（4）2010 年卷四第五题考查了合同纠纷的协议管辖。

【技巧二：判定案件当事人的“三步法”】

确定案件的当事人是案例分析题的另一个常考点，主要包括法人与责任人、雇主与雇工、冒用法人名义、借用合同专用章或银行账户、继承纠纷案件、保证合同、无限人侵权、挂靠关系等特殊情况下被告的确定。考生在分析该类题目时，首先要准确判断案件的性质、题干中各主体的地位和相互关系，在此基础上，结合民事实体法的相关知识，来判定案件的原告和被告。依据题目难易程度的不同，很多时候会涉及诉讼第三人、共同诉讼人、诉讼代表人等情形，此时的关键在于确定各主体的相互关系，之后选择相应的规范基础。

总体解题路径：确定案件性质→明晰各类主体的地位和相互关系→结合民事实体法律规范。

真题再现：（1）2017 年卷四第六题考查了侵权案件中当事人的确定，涉及楼房所有人和使用人的诉讼地位。（2）2016 年卷四第六题分别考查了挂靠关系中的当事人确定，以及雇主与雇工案件中的当事人确定。（3）2011 年卷四第五题考查了无民事行为能力人、限制民事行为能力人致他人损害时的当事人确定，即行为人与监护人之间的共同被告关系。（4）2010 年卷四第五题考查了职务行为的当事人确定，法人或其他组织的工作人员执行工作任务而引发的纠纷，应当以法人或其他组织为当事人。

【技巧三：证明责任分配原则的灵活运用】

要求考生结合具体案情来确定原、被告证明责任的分配，也是案例分析题的常考点和难点，对该类题目的把握，需要结合《合同法》《侵权责任法》等相关实体法规定。决定证明责任分配方式的前提条件是案件性质，因此要首先判断案件是合同纠纷还是侵权纠纷，是一般侵权纠纷还是特殊侵权纠纷，之后再结合《侵权责任法》《合同法》等民事实体法中的证明责任分配规则，来进行解答。

总体解题路径：判断案件性质（合同或侵权）→判断具体纠纷种类及其归责原则（过错归责或无过错归责）→结合民事实体法中的证明责任分配规则进行作答（检查有无举证责任倒置、有无免证事实等）。

真题再现：（1）2017 年卷四第六题考查了建筑物、构筑物或者其他设施及其搁置物、悬挂物发生脱落、坠落造成他人损害案件的证明责任分配。（2）2016 年卷四第六题考查了机动车致人损害案件中的证明责任分配，即谁主张积极事实的存在，谁承担相应的证明责任。

【技巧四：冷静应对各类诉讼程序的综合考查】

在历年真题中，对民事第一审程序、第二审程序以及再审程序的考查也较为频繁，并且常常涉及与相关基本原则、基本制度以及具体制度和规则的联系。

在一审程序部分，主要考点包括：超判或漏判时的处理方式及其与基本原则的关系；裁判对象与辩论原则的关系；待证事实的确定及证明责任的分配；一审判决的作出。在二审程序部分，主要考点包括：提起上诉的条件；上诉人与被上诉人的确定；二审中的特殊调解；二审中撤回起诉、撤回上诉。在再审程序部分，主要考点包括：当事人申请再审的法定事由及管辖法院；启动再审的法律效力；再审案件的审理程序；再审中的撤诉；再审案件的裁判。

真题再现：（1）2018 年主观题考查了二审中能否变更诉讼请求。（2）2017 年卷四第六题考查了一审程序和二审程序中的瑕疵，涉及一审遗漏当事人、违法送达、违法缺席判决等问题。（3）2016 年卷四第六题考查了当事人申请再审的管辖以及再审案件的审理程序。（4）2012 年卷四第五题考查了二审案件审理后的处理方式，涉及一审法院认定事实错误时，二审法院的裁判方式。（5）2010 年卷四第五题考查了一审遗漏诉讼请求时的处理方式，以及二审中增加诉讼请求的处理方式。

【技巧五：快速找准题眼、避开“鸡肋”和陷阱】

法考改革后的主观题，案情更长更复杂，但有一些内容属于“鸡肋”或是用于迷惑考生的陷阱，分析该类题目时，可以大略阅读题干后，先阅读题目，然后带着具体问题再重新仔细阅读题干，把其中与问题相关的内容划出来。这样一方面可以排除无效信息的干扰，另一方面也可以挑出题干中的陷阱。

【技巧六：答题条理清晰、语言规范、结构完整】

案例分析题的设问数量较多，因此考生在答题时一定要按照题号依次作答。凡是要求阐释理由的题目，须在进行是非判断后，结合相关法律规范说明理由和依据。在答题语言上，须体现法律思维、法言法语、规范庄重。在答题结构上，尽可能保证清晰、明了、有体系，问什么答什么。

【技巧七：轻松应对法律文书写作】

民诉法在 2013 年卷四部分曾经考查过法律文书写作，

允许考生选择写作起诉状或判决书，因此考生应当熟悉常用法律文书的格式和写作技巧。民诉领域常用的法律文书包括起诉状、答辩状、判决书、代理意见书等，为了便于大家轻松备考，本书中专门制作了常用法律文书的格式模板，考生只需在掌握模板的基础上，从案情中提取相关信息即可完成写作。

二、抢分法宝：民诉案例的分析流程

结合上述解题技巧，能够提炼出民事案例题的万用模板和分析流程，大家在答题时，可以按照以下的步骤和范围进行检索，从而快、狠、准的锁定命题点并提升得分率。

第一步：主管与管辖的确定

1. 主管问题：诉讼与民商事仲裁的关系（或裁或审）；劳动争议仲裁与劳动诉讼的关系（前置程序）；民事诉讼与人民调解的关系
2. 级别管辖：中级法院管辖的案件；知识产权案件的级别管辖
3. 地域管辖：一般地域管辖的例外规定；合同纠纷的地域管辖（网购合同）；侵权纠纷的地域管辖；公司诉讼的地域管辖；专属管辖（不动产、遗产继承）；协议管辖（适用条件、允许多选、对消费者的倾斜保护）
4. 管辖权异议（主体、时间、条件、法律效力、救济机制、应诉管辖）

第二步：当事人的确定

1. 诉讼权利能力与诉讼行为能力的识别
2. 原告与被告的具体确定（共同诉讼、诉讼代表人、诉讼第三人、第三人撤销之诉、民事公益诉讼）
3. 诉讼代理人的资格及其权限（法定代理人、委托代理人）

第三步：民事证据与证明的规则运用

1. 法定证据种类的识别与运用规则（电子数据、证人证言、鉴定意见）
2. 证据的学理分类及其识别（本证与反证、直接证据与间接证据）
3. 待证事实与证明责任具体的分配（免证事实、合同纠纷、侵权纠纷）
4. 证明程序（取证、举证、质证、认证）

第四步：民事第一审程序

1. 起诉的条件及不予受理的情形（立案登记制）
2. 原告的诉讼请求与法院的审理和裁判对象（超判或漏判）
3. 撤诉与缺席判决
4. 重复起诉的判断识别
5. 一审案件的调解与裁判（法律文书的写作、文书类型及其救济机制）

第五步：民事第二审程序

1. 上诉人和被上诉人的确定
2. 二审案件的审理范围和审理方式（可以不开庭审理的情形）
3. 二审中的特殊调解与二审中的和解
4. 二审中的撤诉（二审中撤回起诉、撤回上诉）
5. 二审案件的裁判方式（驳回上诉、依法改判、发回重审）

第六步：民事再审程序

1. 当事人申请再审的法定事由和管辖法院（可向原审法院申请再审的情形）
2. 再审的启动及其审理程序（可以不中止执行的情形、再审案件的审理程序）
3. 再审案件的审理范围
4. 再审案件的结案方式（再审中的调解、判决、裁定以及撤诉）

第七步：民事执行程序

1. 执行和解（和解协议的效力、恢复执行的情形）
2. 执行行为异议、执行异议与再审、执行异议与执行异议之诉
3. 参与分配（适用条件、参与分配方案）
4. 执行担保
5. 执行承担：执行中追加、变更当事人
6. 各种执行措施

第八步：其他辅助和保障制度的关注

1. 送达（留置送达、电子送达、公告送达的适用条件）
2. 保全与先予执行（诉前保全与诉中保全、财产保全与行为保全、执行前保全、知产纠纷的行为保全、申请保全错误的判断）
3. 期间（重要期间的记忆）
4. 对妨害民事诉讼行为的强制措施（拘传、罚款、拘留的适用规则）

三、战前热身：主观题知识点及技巧整合

（一）知识体系结构回顾

1. 总论：7 项基本原则；4 项基本制度；管辖 - “3 + 1”结构；当事人 - “5 +2”结构；5 种辅助与保障制度

2. 证据与证明论：证据的法定种类与学理分类；免证事实；证明责任；证明标准；证明程序

3. 诉讼程序论：一审普通程序（各阶段 + 特殊情况）；简易程序（传统型 + 小额诉讼程序）；二审程序；再审程序（3 条路）

4. 执行程序论：执行管辖及执行管辖异议；执行行为异议；执行标的异议；执行异议之诉；执行和解；执行担

保；执行承担；参与分配；析产诉讼；各种执行措施

5. 民商事仲裁程序论：仲裁协议；仲裁程序；仲裁司法审查

（二）各部分主要知识点回顾

总论	多元化的民事纠纷解决机制
	基本原则：处分原则 VS 辩论原则；诉讼诚信原则；法院调解原则；检察机关在民事司法领域的三角色
	基本制度：合议；回避；两审终审；公开审判
	反诉：请求的独立性；牵连关系（3 种）
	管辖：中级法院管辖的三类案件；合同纠纷的管辖；侵权纠纷的管辖；公司诉讼的管辖；专属管辖的四种特殊合同；协议管辖中对消费者的倾斜保护；裁定管辖的三类型；管辖权异议与应诉管辖
	当事人：具体案件中当事人的确定；变更当事人（当事人恒定）；起诉时人数不确定的代表人诉讼；第三人撤销之诉；民事公益诉讼
	委托代理人：资格范围；代理权限
	诉讼辅助和保障制度：送达；保全
证据与证明	8 种法定证据种类：电子数据；专家辅助人；鉴定人出庭义务；证人证言
	免证事实：预决事实；自认
	证明责任的具体分配：三步法
	证明标准：适用排除合理怀疑证明标准的情形
	证明程序：法院依职权调取证据的情形；举证期限及逾期举证的后果；不公开质证的情形；补强规则；文书提出命令；非法证据排除规则

续表

诉讼程序	普通程序：起诉条件与立案登记；审前准备阶段的分流功能；缺席判决；延期审理、诉讼中止与诉讼终结的适用情形
	简易程序：主要特点；小额诉讼的适用范围；小额诉讼的再审
	二审程序：二审可以不开庭审理的条件及四种具体情形；二审中四种特殊的调解；二审案件的审理范围；二审案件的裁判方式；重复起诉的判断
	再审程序：当事人申请再审的法定事由和管辖法院；抗诉与检察建议；再审程序的审理范围和审理方式
执行程序	执行管辖；执行行为异议；执行异议与再审；执行异议与执行异议之诉；执行和解；执行担保；执行承担；参与分配；析产诉讼
仲裁程序	仲裁协议的效力判断；仲裁协议的独立性；仲裁程序与诉讼程序的比较；申请撤销仲裁裁决；申请不予执行仲裁裁决；虚假仲裁与案外人申请不予执行仲裁裁决

（三）常用解题技巧梳理

1. 区分反诉与反驳的方法
2. 一般地域管辖的“四分法”
3. 合同纠纷地域管辖的“三步法”
4. 共同诉讼 VS 有独三：一致对外 VS 双重反对
5. 三撤与再审
6. 三撤、执行异议、案外人再审
7. 区分本证与反证的“三步法”
8. 分配证明责任的“三步法”
9. 撤诉：两类五种
10. 法律文书模板
11. 二审中四种特殊调解

12. 二审裁判方式的“四分法”

13. 重复起诉：“三同说”；“两同说”

14. 启动再审的三路径

15. 再审案件的审理程序

16. 执行异议的两步法：异议是谁提出的；异议的对象是什么

17. 析产的三路径

18. 仲裁协议效力的判断规律

19. 申请撤销或不予执行仲裁裁决的事由：六种三类

（四）基本原理回顾

1. 当事人 – 诉权 VS 法院 – 审判权：双向制约；处分权的有限性

2. 民事纠纷的多元化解决机制：没有哪一种纠纷解决机制在任何情况下都是最佳的，须进行个案讨论

3. 确定管辖时的两便原则；特殊地域管辖的密切联系原则

4. 在公益诉讼中，可能强化法院的职权主义色彩、限制当事人的处分权；社会自治优先

5. 分配证明责任时考量的因素：（1）谁更接近证据；（2）谁作出积极行为；（3）谁更专业、更有实力

6. 第三人权益的救济机制体系：事中救济；事后救济；执行程序是否启动（有独三和无独三参诉、三撤、执行异议、案外人再审）

7. 二审程序的功能：审理范围；能否变更诉讼请求；能否增加诉讼请求

8. 二审程序 VS 再审程序

9. 再审的审理范围

10. 禁止重复起诉的原因

11. 执行程序的特点

12. 仲裁的独立性与自治性：事后有限干预

13. 仲裁程序比诉讼程序更灵活、更自治、更宽松

（五）主观题的几点复习建议

1. 实体法与程序法密切结合

2. “想”与“写”的巨大差距

3. 法言法语

4. 条理清晰、分类讨论

5. “三段论”的优化演绎

6. 过程大于结果：法律规范 + 基本原理

第二十讲 主观题实战演练

案例一

必得利公司于2016年1月9日向国家知识产权局申请了名称为“汽车座椅（Y）”的外观设计专利，2016年7月10日获得授权，专利号为ZL20160927568，该专利至今有效。专利的各视图显示：本专利的外观设计为一种儿童汽车座椅，整体呈云朵形状，坐垫部分有凹凸区域，靠背部分有气垫装置，安全带接口呈花朵形状。

此后，必得利公司发现新天公司未经其同意，生产、销售与其专利外观相同的儿童汽车安全座椅，于是在2017年5月20日向A省B市中级人民法院提起诉讼。该法院经审理于同年8月2日作出1号民事判决，认定新天公司构成侵权，判决其应停止生产、销售落入ZL20160927568外观设计专利保护范围产品的行为。对此判决双方均未上诉，判决随后生效。因新天公司仍然继续生产和销售该类汽车安全座椅，必得利公司于2017年12月1日向A省B市中级人民法院申请强制执行，法院当日就受理了执行申请并且立即采取了强制执行措施，向新天公司的法定代表人送达了限制消费令。2017年12月10日，因迫于法院的压力，新天公司在执行法官、必得利公司和街道居委会工作人员的共同见证下，自行关闭了生产设备并销毁了相关生产模具。于是，执行法院于2017年12月15日以执行完毕的方式予以结案。

自2018年4月开始，必得利公司在市场走访和调研过程中，陆续获知新天公司又在生产前述类型的汽车安全座椅，于是向A省M县的公证处申请证据保全。M县的公证处出具了（2018）AM证民字第201号公证书，其中证明：2018年6月1日，M县公证处的工作人员某甲与B市制造业协会的工作人员某乙来到新天公司，发现装配车间的工人正在装配被控侵权的汽车安全座椅配件，另有已经装配完毕的汽车座椅成品堆放在车间内。某乙从现场取得成品汽车座椅5个，之后与某甲一起带回M县公证处予以封存。此外，必得利公司从商业伙伴处得知，新天公司去年仅仅销毁了一套生产模具，在执行结案后，新天公司偷偷拿出了备用模具并恢复对该类汽车安全座椅的生产，随后投放市场进行销售。

2018年10月，必得利公司再次将新天公司诉至A省B市中级人民法院，要求判令新天公司停止生产和销售该类儿童汽车安全座椅，并赔偿损失30万元（2号案件），同时向法院提交了M县公证处封存的成品安全座椅5个。法院立案庭当日立案受理案件，案号为（2018）A01知产民初第1100号。经过专家和法官比对，原告提交的侵权座椅与涉案ZL20160927568专利相同。在审理过程中，必得利公司向法院提交了（2018）AM证民字第201号公证书，新天公司对此提出异议，主张涉案公证人员某甲与其存有历史积怨，在没有从其工厂取得侵权产品的情况下作出明显虚假的（2018）AM证民字第201号公证书。

结合上述案情，请回答下列问题：

1. 在2号案件中，法院应否采信（2018）AM证民字第201号公证书？请说明理由。

2. 在1号案件中，法院已经判令新天公司停止生产和销售该类型的汽车安全座椅，但在2号案件中必得利公司再次提出相同的诉讼请求，该种做法是否符合法律的相关规定？请说明理由。

3. 假如你是本案的主审法官，请结合上述案情，拟定一份一审判决书。

解题思路与参考答案

1. 法院应当采信（2018）AM证民字第201号公证书记载的事实。依据民诉法的规定，对于已为有效公证文书所证明的事实，属于免证事实，但新天公司可以提供相反的证据来推翻该公证文书。新天公司未能充分举证，仅仅主张涉案公证人员某甲与其存有积怨，不足以推翻公证书的证明力，因此法院应当采信该公证书所记载的事实。

2. 必得利公司可以再次提起停止侵权的诉讼请求。必得利公司在市场走访中获知新天公司于2018年继续生产销售该类型的汽车安全座椅，与原判决所针对的2017年的侵权行为相比属于新的侵权行为，不应当受到1号判决既判力的约束。因此，2号案件中必得利公司再次提出相同的诉讼请求符合法律规定，不构成重复起诉。

3. 根据上述案情，拟定一审判决书如下：

A省B市中级人民法院
民事判决书

（2018）A01 知产民初第 1100 号

原告：必得利公司，住所地某省某市某区某路某号。

法定代表人：某丙，职务×××。

被告：新天公司，住所地某省某市某区某路某号。

法定代表人：某丁，职务×××。

原告必得利公司与被告新天公司侵犯外观设计专利权纠纷一案，本院于 2018 年 10 月×日受理原告的起诉后，依法适用普通程序组成合议庭，于 2019 年×月×日公开开庭审理，原告必得利公司法定代表人某丙、被告新天公司法定代表人某丁到庭参加诉讼。本案现已审理终结。

原告向本院提出诉讼请求：（1）判令新天公司停止侵犯专利号为 ZL20160927568 的外观设计专利的儿童汽车安全座椅的制造和销售；（2）赔偿经济损失 30 万元。*事实理由略*（*见案情*）。

被告辩称：不同意原告的诉讼请求。被告遵纪守法，并未侵犯原告的外观设计专利权。原告提交的公证书是虚假的，5 个安全座椅成品其实是我司 2017 年生产的。

当事人围绕诉讼请求依法提交了证据，本院组织当事人进行了证据交换和质证。

本院经审理查明：……（*见案情*）。

本院认为，《中华人民共和国民事诉讼法》第六十九条规定："经过法定程序公证证明的法律事实和文书，人民法院应当作为认定事实的根据，但有相反证据足以推翻公证证明的除外。”最高人民法院《关于适用〈中华人民共和国民事诉讼法〉的解释》第九十三条第一款规定：“下列事实，当事人无须举证证明：……（七）已为有效公证文书所证明的事实。”该条第二款规定：“……第五项至第七项规定的事实，当事人有相反证据足以推翻的除外。”必得利公司提交的（2018）AM证民字第201号公证书，完整记载了公证人员某甲在新天公司的生产场所取得的被控侵权产品及产品的状况。鉴于新天公司没有相反证据足以推翻该公证，也不能提供证据证明新天公司与公证人员某甲结怨，其就此提出的异议不能成立，本院不予采信。

《中华人民共和国专利法》第十一条规定：“……外观设计专利权被授予后，任何单位或者个人未经权利人许可，都不得实施其专利，即不得为生产经营目的制造、许诺销售、销售、进口其外观设计专利产品。”本案中，新天公司未经权利人许可，为生产经营目的，制造销售与涉案专利相同的被控侵权产品，其行为侵犯了必得利公司的涉案专利权，应当承担停止侵害、赔偿损失的民事侵权责任。鉴于必得利公司既没有提供证据证明其在被侵权期间因侵权所受到的具体损失或侵权人在侵权期间因侵权所获得的具体利益，也未提供有效证据证明其许可他人实施涉案专利实际收取的许可使用费情况，在综合考虑各种因素，尤其是新天公司涉案侵权行为系重复侵权，主观故意和过错明显，客观上给专利权人造成较大经济损失等情形后，确定赔偿数额为30万元。

综上所述，依据《中华人民共和国专利法》第十一条、第六十五条，《中华人民共和国民法总则》第一百七十九条第一款第（一）项和第（八）项，《中华人民共和国民事诉讼法》第一百五十二条的规定，判决如下：

1. 新天公司停止侵犯专利号为ZL20160927568的外观设计专利的儿童汽车安全座椅的制造和销售；

2. 新天公司向必得利公司赔偿经济损失30万元。

本案案件受理费××元（已由原告预交），由被告新天公司承担。

如不服本判决，可在判决书送达之日起十五日内向本院递交上诉状，并按对方当事人人数提出副本，上诉于A省高级人民法院，并应在收到预交上诉费通知次日起七日内预交上诉费。逾期不预交的，按自动撤回上诉处理。

审判长：×××

审判员：×××

审判员：×××

二〇一九年××月××日

书记员：×××

案例二

甲公司在H省A市获得土地使用权一宗，欲将其开发为旅游度假地，与乙公司签订建筑施工合同，约定如果发生纠纷应协商解决，协商不成的，任何一方均可向H省B市的B仲裁委员会申请裁决。由于甲公司在约定期间内未支付乙公司工程进度款8000万元，乙公司多次催促无果后，在第三人的协调下双方达成协议：将之前的工程进度款8000

万元加利息500万元算作甲公司向乙公司的借款，乙公司同意配合甲公司以正在建设的未完工程向银行抵押贷款2亿元，甲公司获得贷款后先支付乙公司8500万元欠款中的5000万元，剩余的1.5亿元贷款存入双方的共管账户。同时约定，甲公司的印章须由乙公司代管，甲公司需要使用印章时，须经乙公司同意。之后，乙公司未与甲公司协商，自己草拟了一份补充协议，其中写明了甲公司对乙公司的欠款总额，并将仲裁机构改为G省C市的C仲裁委员会，之后加盖了乙公司和甲公司的公章。在此后的建筑施工中，乙公司购买建筑材料时，为了冲抵甲公司的借款，有时直接以甲公司的名义并加盖其公章与材料供应商签订合同。

为更有效地销售商品房，甲公司委托丙公司代为销售所建筑的房屋，乙公司同意。甲公司与丙公司签订了委托合同，加盖了甲公司的公章。此时丙公司已经通过程序更换了法定代表人，但尚未变更工商登记，签订合同的法定代表人崔某是被替换的法定代表人（甲、乙公司共同派律师进行查询，查明了崔某上述真实身份）。合同上仅由崔某签字，未加盖丙公司公章。

签约后，崔某派人在楼盘所在地搭建了销售部，取得预售许可证后开始销售房屋。销售过程中，甲公司觉得丙公司销售不力，遂书面通知解除委托合同。丙公司不服，提起诉讼请求确认合同解除的效力。一审判决丙公司败诉，丙公司不服一审判决，提起上诉，上诉状变更了诉讼请求，请求判决合同无效，要求甲公司赔偿实际支出。

乙公司未经甲公司同意私自用其名义和公章与建筑材料供应商签订合同的问题，终被甲公司发现，甲公司遂提出进行对账，主张应将乙公司以甲公司的名义签订的合同算作甲公司对乙公司的还款，但双方因对账数额相差太大而再次发生争议，于是，乙公司向G省C市的C仲裁委员会申请仲裁。甲公司提出管辖异议，称自己从未与乙公司签订过补充协议，更未变更过仲裁管辖，但承认公章是真实的。C仲裁委员会认为协议有效，于是作出裁决，裁决甲公司尚欠乙公司500万元，双方继续履行合同。甲公司准备向法院申请撤销该仲裁裁决。

继续施工中，甲公司存入共管账户的贷款很快用完，再次拖延支付乙公司工程进度款长达2个月。无奈，甲公司通过民间借贷的方式筹集资金，一方面与出借人签订借贷合同，另一方面与其签订房屋买卖合同。在借贷合同中约定，如果甲公司不能按期偿还借款，就按照房屋买卖合同交付房屋。即使如此，甲公司筹集的资金仍然不足以支付工程进度款，乙公司遂停工表示抗辩。甲公司原计划迅速完工，可以快速筹集资金以支付欠款，但乙公司停工使得计划落空。于是，甲公司提出解除合同，另行与其他建筑企业签订施工合同。

以上纠纷导致甲公司资金状况出现严重危机，有的债权人要求甲公司按照合同约定偿还借款，有的提出交付房屋，有的到昌盛法院申请甲公司破产清算。昌盛法院裁定受理破产申请，丁公司是原来乙公司以甲公司名义签订材料供应合同的供应商，本已发货，得到破产清算的消息后，丁公司立刻让货运汽车返回。乙公司向管理人申报债权时，部分债权被管理人拒绝，乙公司无奈，准备先行诉请确认这些债权，但只想确认债权本金，利息另行确认。

结合上述案情，请回答下列问题：

1. 如果甲公司能够证明补充协议是乙公司私自起草并加盖公章，C 仲裁委员会的仲裁裁决效力如何？为什么？

2. 甲公司欲申请法院撤销 G 省 C 市的 C 仲裁委员会的裁决，应当向哪个法院提出申请？为什么？

3. 丙公司是否可以在上诉状中提出变更诉讼请求？为什么？

4. 破产程序开始后，昌盛法院所受理与破产财产有关的案件，能否向其他法院移送管辖？为什么？

5. 有仲裁协议的当事人一方破产时，双方有财产争议的，应由法院管辖还是仲裁管辖？

6. 若乙公司将本金和利息分两次提起诉讼，是否属于重复起诉？

解题思路与参考答案

1. 【解题思路及要点提示】本题考查了仲裁协议的效力以及仲裁裁决的效力。乙公司以甲公司的名义与自己订立合同，此时乙公司毫无善意与信赖利益可言，不构成表见代理，导致补充协议无效，其中的新仲裁条款当然也就无效。依据无效的仲裁条款作出的裁决，符合申请撤销仲裁裁决的法定情形。依据仲裁法的规定，当事人可以没有仲裁协议为由，向法院申请撤销仲裁裁决。“没有仲裁协议”包括几种具体情形：一是当事人之间根本没有达成仲裁协议；二是仲裁协议被认定无效；三是仲裁协议被撤销。

【参考答案】甲公司可以没有仲裁协议为由，申请法院撤销 C 仲裁委的仲裁裁决。依据保护第三方善意、维护交易安全的立法理念，乙公司用甲公司的公章向第三方作出民事法律行为，可能构成表见代理。但乙公司以甲公司的名义与自己订立合同，此时乙公司毫无善意与信赖利益可言，不构成表见代理，乙公司代甲公司签章的行为只能归于乙公司自己。因此，乙公司的代签章行为不存在要约与承诺两大基本要素，本案所涉的补充协议无效。依此，补充协议中将仲裁机构改为G省C市的C仲裁委的条款当然无效，甲公司可以“没有仲裁协议”为由，申请法院撤销C仲裁委的仲裁裁决。

2.【解题思路及要点提示】本题考查申请撤销仲裁裁决的管辖法院，较为简单，尤其是在法条“开卷”的情况下。

【参考答案】依据《仲裁法》第58条的规定，甲公司可向仲裁委员会所在地的中级法院申请撤销仲裁裁决。因此，甲公司可以向C仲裁委员会所在地的中级法院（C市中级法院）申请撤销仲裁裁决。

3.【解题思路及要点提示】本题考查变更诉讼请求的时间，既涉及相关的法律规定，又需要运用民诉法的基本原理和基本理论，因此难度相对较大。考生切勿混淆以下两个概念：一是在二审中新增独立的诉讼请求；二是在二审中变更原先的诉讼请求。《民诉解释》第328条允许原审原告在二审中增加独立的诉讼请求，但并未允许在二审中变更原先的诉讼请求。依循民事诉讼的程序原理，二审的审理范围不应超出一审的范围，否则对于变更的部分，将损害当事人的上诉权和审级利益，背离二审程序的应有功能。

【参考答案】二审法院不应准许原审原告变更诉讼请

求，在可以另诉的前提下，可以告知其另行起诉。原告增减诉讼请求、变更诉讼请求应在一审中提出。二审的审理范围不应超出一审的范围，如果允许当事人在二审中变更诉讼请求，将剥夺当事人对新变更请求的上诉权，损害当事人的审级利益。因此，原告在二审程序中要求变更诉讼请求的，二审法院应不予准许、不予审理，可视情况告知其另行起诉。但依据本案的情况，丙公司无法另行起诉，因为合同效力在本案中已有裁判，另行起诉将构成重复起诉。

4.【解题思路及要点提示】本题结合企业破产法，考查破产案件的管辖问题。如果考生熟悉相关规范，问题就能迎刃而解。

【参考答案】不能向其他法院移送管辖。依据《企业破产法》第21条的规定，法院受理破产申请后，有关债务人的民事诉讼，只能向受理破产申请的法院提起。因此，昌盛法院不得移送管辖。

5.【解题思路及要点提示】本题结合企业破产法及其司法解释，考查仲裁与诉讼的关系，需要考生结合民事诉讼与仲裁各自的程序运行原理，来进行分析讨论。本题的关键在于：法院受理破产申请后，是否会对债务人原先达成的仲裁协议的效力产生影响。

【参考答案】此时应当依据仲裁协议申请仲裁。《破产法解释（三）》第8条规定："……当事人之间在破产申请受理前订立有仲裁条款或仲裁协议的，应当向选定的仲裁机构申请确认债权债务关系。"有仲裁协议的一方当事人破产时，不会对其原先依法达成的仲裁协议的效力产生影响，这是仲裁独立性乃至仲裁协议效力独立性的应有之义。因此，在法院受理破产申请后，与债务人相关的民事权利义务争议，如果当事人双方就解决争议约定有明确且有效的仲裁协议，则应当按照约定通过仲裁的方式予以解决。

6.【解题思路及要点提示】本题考查重复起诉的判断，涉及对“一事不再理”的具体认识和分析。本题需要从法律规范和制度原理两个层面分别进行分析论证。

【参考答案】(1) 法律规范层面的分析：依据《民诉解释》第247条的规定：“当事人就已经提起诉讼的事项在诉讼过程中或者裁判生效后再次起诉，同时符合下列条件的，构成重复起诉：（一）后诉与前诉的当事人相同；（二）后诉与前诉的诉讼标的相同；（三）后诉与前诉的诉讼请求相同，或者后诉的诉讼请求实质上否定前诉裁判结果。当事人重复起诉的，裁定不予受理；已经受理的，裁定驳回起诉，但法律、司法解释另有规定的除外。”结合本案，前诉与后诉的当事人和诉讼标的这两个要素是相同的，但前诉的诉讼请求与后诉的诉讼请求不同。而后诉的请求是否实质上否定了前诉的裁判结果，则需要分类讨论：如果法院支持了前诉关于本金的请求，则后诉关于利息的请求不构成重复起诉；但如果法院判决驳回了前诉的请求，则后诉可能构成重复起诉。

(2) 程序价值和基本原理层面的分析：从节约司法资源、依法诚信行使权利的角度来看，如果没有其他特殊原因，当事人应当将请求一次性主张，如果人为的拆分诉讼，将原本可以一并主张的本金和利息拆分为两个诉讼，不仅会浪费司法资源，也是对诉讼权利的滥用。

案例三

原告李某某（女）和被告韩某某于2009年5月1日登记结婚并居住在A市F区，双方均系再婚，婚后未生育子女。2012年2月韩某某被公司派往B市C区长期工作，双方因长期两地分居导致感情失和，于2016年上半年产生激烈矛盾。李某某曾于2017年5月起诉要求与韩某某离婚，经法院判决驳回请求后，双方感情未见好转。2018年1月，李某某再次诉至法院要求离婚，并依法分割夫妻共同财产。韩某某认为夫妻感情并未破裂，不同意离婚。法院受理起诉后，发现韩某某的经常居住地在B市C区。

在案件的审理过程中，韩某某以工作太忙为由未能参加诉讼，但委托了某律所的知名律师黄某某担任委托代理人（代理权限为特别授权），法院遂在黄某某与李某某的参与下进行了调解，但未能达成调解协议，之后一审法院判决不准离婚。李某某不服一审判决提出上诉，二审法院经过审理后认为夫妻双方感情确已破裂，于是改判准予离婚并对二人名下的40万元存款进行了平均分割。二审判决生效后，韩某某称自己银行账户中的存款有30万元来源于婚前房屋拆迁补偿款及养老金，认为法院平均分割财产的做法错误，于是向法院申请再审，并提交了账户记录、判决书、案款收据等证据。

结合上述案情，请回答下列问题：

1. 哪个（些）法院对本案有管辖权？为什么？

2. 李某某2018年1月的起诉是否构成重复起诉？为什么？

3. 法院应否受理韩某某的再审申请？为什么？

4. 本案存在哪些违法之处？

解题思路与参考答案

1. 本案属于被告离开住所的离婚案件，因此原告住所地法院和被告住所地法院都有管辖权。原告和被告的住所地均为A市F区，但被告的经常居住地是B市C区，被告住所地与经常居住地不一致的，以被告的经常居住地为准，因此本案应当由原告住所地法院和被告经常居住地法院管辖，分别是A市F区法院和B市C区法院。

2. 判决不准离婚和调解和好的离婚案件，判决、调解维持收养关系的案件，没有新情况、新理由，原告在6个月内又起诉的，法院不予受理。李某某2018年1月的起诉不构成重复起诉，因为距离上一次起诉已经超过了6个月，不再受禁诉期的限制。

3. 法院应当受理韩某某的再审申请。因为判决解除婚姻关系的案件，虽然婚姻关系部分不得再审，但财产分割部分可以再审。

4. 本案存在以下违法之处：（1）离婚案件需要本人亲自参与，除非不能表达意志。本案中韩某某以工作忙为由不亲自参诉的做法违法。（2）离婚案件的调解应当由本人亲自参与，即使有特别授权的委托代理人，也不能代为调解。（3）二审法院直接分割财产的做法剥夺了当事人对财产部分的上诉权和审级利益，因此违法。一审判决不准离婚的案件，上诉后，第二审法院认为应当判决离婚的，可以根据当事人自愿的原则，与子女抚养、财产问题一并调解，调解不成的，发回重审。双方当事人同意由第二审法院一并审理的，第二审法院可以一并裁判。

案例四①

2014年上半年至2016年10月，刘家两兄弟刘达和刘明在甲省B市C区租用他人厂房，在无营业执照、无危险废物经营许可证的情况下，擅自从事废树脂桶和废油桶的清洗业务。洗桶产生的废水通过排污沟排向无防渗漏措施的露天污水池，产生的残渣被堆放在污水池周围。2016年11月，公安机关在刘达和刘明的洗桶现场查获废桶七千余只，其中六千余只尚未清洗。经鉴定，未清洗的桶及桶内物质均属于危险废物，现场地下水、污水池内废水以及污水池四周堆放的残渣、污水池底部沉积物中均检出铬、锌等多种重金属和总石油烃、氯代烷烃、苯系物等多种有机物。2017年6月2日，刘达和刘明因犯污染环境罪被B市C区人民法院分别判处有期徒刑二年六个月、缓刑四年，有期徒刑二年、缓刑四年，并分别判处罚金。刘家两兄弟虽被依法追究刑事责任，但现场尚留存近二百只未清洗的废桶、残渣、污水和污泥尚未清除，对土壤和地下水持续造成污染。

经调查，在B市民政局登记的两家环保类社会组织，均不符合法律对提起公益诉讼主体要求的相关规定，不能作为原告向B市中级人民法院提起环境民事公益诉讼。2017年12月21日，B市人民检察院以公益诉讼人的身份向B市中

① 本案例改编自最高检指导性案例第28号。

级人民法院提起民事公益诉讼，诉请：1. 判令二被告依法及时处置场地内遗留的危险废物，消除危险；2. 判令二被告依法及时修复被污染的土壤，恢复原状；3. 判令二被告依法赔偿场地排污对环境影响的修复费用，以虚拟治理成本30万元为基数，根据该区域环境敏感程度以4.5－6倍计算赔偿数额。庭审过程中，公益诉讼人向法院申请由市环保局从B市环境应急专家库中甄选的环境专家赵兴博士出庭，就本案涉及的环境专业性问题发表意见。

结合上述案情，请回答下列问题：

1. B市人民检察院提起民事公益诉讼的做法是否合法？为什么？

2. 刘家两兄弟的违法排污行为已经被追究了刑事责任，可否再针对该行为提起民事公益诉讼？为什么？

3. 本案中应当如何分配双方当事人的证明责任？

4. 赵兴在本案中是何种地位？如何认定他对环境专业性问题所发表意见的性质和效力？

解题思路与参考答案

1. B市检察院提起民事公益诉讼的做法合法。本题考查检察机关提起民事公益诉讼的条件，依据《民诉法》的相关规定，检察院在履行职责中发现破坏生态环境和资源保护、食品药品安全领域侵害众多消费者合法权益等损害社会公共利益的行为，在没有法律规定的机关和组织或者法律规定的机关和组织不提起诉讼的情况下，可以向法院提起诉讼。法律规定的机关或者组织提起诉讼的，检察院可以支持起诉。由此可知，在民事公益诉讼领域，检察机关是后顺位的起诉主体，仅在其他适格主体不起诉或者没有其他适格主体时才能提起公益诉讼。本案中，在B市民政局登记的两家环保类社会组织均不符合法律对提起公益诉讼主体要求的相关规定，不能作为原告提起环境民事公益诉讼。因此，本案中没有其他可以起诉的适格主体，检察机关作为唯一的适格主体，其提起民事公益诉讼的做法合法。

2. 依据《侵权责任法》第4条第1款的规定，侵权人因同一行为应当承担行政责任或者刑事责任的，不影响依法承担侵权责任。因此，刘家两兄弟的违法排污行为虽然已经被追究了刑事责任，但并不影响再针对该行为提起民事公益诉讼，对刑事责任的追究，并不影响对其主张民事责任。

3. 环境侵权纠纷适用无过错归责原则，并且在分配证明责任时倒置因果关系要件。因此，检察机关需要证明两项要件：一是侵权人实施了污染环境的行为；二是侵权人的行为已经损害了社会公共利益。被告刘达和刘明需要证明：其排污行为与损害后果之间不存在因果关系以及法定的减免责事由。

4. 赵兴在本案中的地位是专家辅助人（有专门知识的人），专家辅助人在法庭上就专业问题提出的意见，视为当事人的陈述。赵兴作为专家辅助人出庭就鉴定人作出的鉴定意见或者就因果关系、生态环境修复方式、生态环境修复费用以及生态环境受到损害至恢复原状期间服务功能的损失等专门性问题，作出说明或提出意见，其对专业性问题发表的意见经质证后可以作为认定案件事实的根据。

案例五①

一审法院查明：2014年3月20日，A汽车（中国）销售有限公司（以下简称A公司）从英国进口一辆宾利慕尚汽车，中华人民共和国外高桥出入境检验检疫局出具了《中华人民共和国出入境检验检疫进口机动车辆随车检验单》，中华人民共和国上海海关出具了《货物进口证明书》。

2014年6月24日，杨某与B汽车销售服务有限责任公司（以下简称B公司）签订《销售合同》，其中约定：B公司向杨某销售尊贵版宾利慕尚汽车一台，单价550万元。B公司保证所售车辆具有合法手续，符合国家商检部门检验标准，车辆的质量标准和保修期限按厂家规定。如发生质量问题，B公司协助解决。预计交车日期为2014年7月30日，以杨某全部车款到达B公司账户为前提，最终交车日期以B公司的通知为准。杨某在交车地点现场验收车辆，B公司将车辆交由杨某实际支配并向杨某交付车辆的海关及商检单证、维修保养手册、交车清单等各项文件。车辆交接书的签订视为车辆的正式交付，其后一切风险责任由杨某承担。《销售合同》对所售车辆的发动机号、车辆号等未作约定。

B公司随后从A公司购入前述进口宾利慕尚汽车。2014年7月30日，该车辆运抵B公司，B公司拟将该车辆交付杨某。同日，B公司进行车辆移交检查时发现车辆左前门下有漆面损伤，通过抛光打蜡清除了漆面损伤，这一处理操作记载于该车辆的维修记录中。2014年10月8日，因汽车右

① 本案例改编自贵州“豪车天价赔偿案”。

后窗帘存在异响，B公司更换了窗帘总成，该维修操作亦记载于车辆的维修记录中。

2014年9月26日，B公司向杨某开具机动车销售统一发票。2014年10月14日，杨某取得出入境检验检疫局出具的《中华人民共和国进出口机动车辆检验检疫证明》。2014年10月30日，杨某为所购车辆办理了机动车登记手续。

2016年5月31日，杨某通过“车鉴定网”查询所购车辆的维修保养记录时，查询到案涉车辆的前述处理、维修记录，遂以B公司和A公司在车辆交付时未向其告知前述情形构成欺诈、给其造成巨大损失为由，向法院提起本案诉讼。

杨某提出的一审诉讼请求：（1）撤销B公司与杨某签订的《销售合同》；（2）B公司退还杨某购车款550万元、车辆购置税47万元，共计597万元；（3）B公司向杨某支付车辆价款3倍的惩罚性赔偿金1650万元；（4）A公司对第二项和第三项诉请承担连带责任；（5）本案涉诉费用由B公司和A公司承担。

审理过程中，一审法院要求B公司提供车辆交接书，或者能证明车辆交付时间的其他证据，B公司均无法提供。经一审法院释明，杨某不同意对案涉车辆现有价值进行估价。

一审法院认为：（1）B公司不能证明其已告知过杨某相关情况，可认定B公司在车辆交付前故意隐瞒了车辆的前述问题，剥夺了杨某的知情权和选择权，B公司的行为构成欺诈，《销售合同》应予撤销。（2）依据《消费者权益保护法》第55条第1款，B公司应承担购车款3倍的惩罚性赔偿责任。（3）因A公司并非《销售合同》的销售方，未直接对杨某进行销售及服务，对杨某要求A公司承担连带责任的诉讼请求，不予支持。

综上，一审法院判决：（1）撤销杨某与B公司2014年6月24日签订的《销售合同》；（2）杨某于判决生效之日起10日内将案涉汽车退还给B公司；（3）B公司在判决生效之日起10日内，返还杨某购车款550万元，车辆购置税47万元；（4）B公司在判决生效之日起10日内，支付杨某车辆赔偿金1650万元；（5）驳回杨某的其他诉讼请求。案件受理费154150.40元，诉讼保全费5000元，由B公司负担。

B公司不服一审判决，上诉至二审法院。审理过程中，二审法院要求杨某提供案涉车辆的机动车行驶证，根据机动车行驶证的记载，案涉车辆使用性质为“非营运”。杨某当庭承认其以经商为业，案涉车辆主要用于商务接待等活动。二审法院经审理，对一审法院查明的事实予以确认。

二审法院另查明：（1）案涉窗帘配件市场价为38341.80元，工时耗时为0.6小时，工时费561.60元。（2）截至2018年1月23日，案涉车辆使用已超过3年，行驶里程超过29000公里。（3）杨某庭审中称其以经商为业，B公司和A公司对此未予以反驳。

结合上述案情，请回答下列问题：

1. 在一审中，杨某以B公司和A公司作为共同被告诉至法院，是否符合起诉条件？这两个公司作为共同被告是否适格？为什么？

2. 在庭审中，杨某称其以经商为业，案涉车辆主要用于商务接待等活动，但并未举证证明该事实，B公司和A公司对此也未予以反驳。法院能否认定该事实？为什么？

3. 一审法院就案涉车辆估价的证据意义向杨某作出释明，这是否符合民事诉讼法的规定？为什么？

4. 本案中，原告杨某主张 B 公司在交付车辆时未告知其车辆相关的处理和维修情况，构成欺诈行为，对该事实应当由谁来承担证明责任？需要达到何种证明标准？为什么？

5. 如果二审法院认为一审法院认定事实清楚但适用法律错误，能否发回重审？为什么？

解题思路与参考答案

1. （1）依据《民诉法》第 48 条的规定："公民、法人和其他组织可以作为民事诉讼的当事人。法人由其法定代表人进行诉讼。其他组织由其主要负责人进行诉讼。"从起诉条件来看，本案中以 B 公司和 A 公司作为共同被告，符合起诉条件中"有明确的被告"的要求，因此符合起诉条件。

（2）本案中杨某的请求权基础是买卖合同法律关系，而 A 公司并非《销售合同》的销售方。依据合同的相对性原理，A 公司并非本案的适格被告，适格被告应当是与其签订《销售合同》的 B 公司。

2. 法院能够认定该事实。因为对于一方当事人陈述的事实，另一方当事人既未表示承认也未否认的，经审判人员充分说明并询问后，仍不明确表示肯定或否定的，视为对该项事实的承认。一方当事人在法庭审理中对于其不利的事实承认的，另一方当事人无须举证证明，法院可以直接认定。

3. 符合民事诉讼法的规定，因为法院有权在当事人举证的事项上进行释明，使不明确的事项加以证明，法院可以直接认定。本案中一审法院就案涉车辆估价的证据意义向杨某作出释明的行为属于关于当事人举证的释明，应适用《最高人民法院关于民事诉讼证据的若干规定》第3条第1款的规定："人民法院应当向当事人说明举证的要求及法律后果，促使当事人在合理期限内积极、全面、正确、诚实地完成举证。"

4. 依据证明责任分配的一般原则，"谁主张、谁举证"，因此对该事实应当由原告承担证明责任。依据《民诉解释》第109条的规定："当事人对欺诈、胁迫、恶意串通事实的证明，以及对口头遗嘱或者赠与事实的证明，人民法院确信该待证事实存在的可能性能够排除合理怀疑的，应当认定该事实存在。"因此，对欺诈行为的证明应当达到排除合理怀疑的证明标准。

5. 不能发回重审。因为依据《民诉法》第170条的规定，一审判决认定事实清楚但适用法律错误的，不属于发回重审的法定情形，而应当依法改判、撤销或变更。

案例六①

蔡某（住所地Z省B市）是甲公司（登记地和主要营业地均在Z省B市）的发起人和控股股东。2012年10月31日，为延揽人才，蔡某代表甲公司聘请李某（住所地为Z省B市）担任甲公司总经理，双方同时签订赠与协议，约定蔡某将自己持有的1%的甲公司股权赠与李某，李某承诺会在甲

① 本案例改编自《2019年国家统一法律职业资格考试案例分析指导用书》（法律出版社2019年版）"民事法律进阶案例"部分之案例九"李某诉蔡某股票冻结损害赔偿案"。

公司至少工作5年，若中途退出，应赔偿蔡某损失［具体金额为受赠股份数×离职之日甲公司股票交易收盘价（如果公司上市）或公司最近一期经审计的每股净资产（如果公司未上市）］，因该赠与协议所发生的纠纷都由位于Z省A市的A仲裁委员会解决。

2017年3月31日，甲公司经过改制成功在深圳证券交易所上市，开盘价为每股35元。在之前的招股说明书和发行公告中均载明，李某系该公司总经理。后因理念不合，2017年8月31日，李某从甲公司正式离职并结清工资。根据甲公司当日的股东名册，李某持有甲公司股票200万股（均系蔡某赠与给其的1%股权），该股当日收盘价为每股30元。后蔡某向A仲裁委员会提起仲裁，请求判令李某赔偿自己损失6000万元，同时依法通过仲裁机构向法院提交了冻结李某持有的所有甲公司股份的申请。法院于2017年9月30日依法采取了保全措施，通过中国证券登记结算有限责任公司深圳分公司冻结了李某的200万股甲公司股票，当日该股收盘价为每股25元。后仲裁庭认定李某提前离职构成违约，应予赔偿，但在解释双方的赠与协议时认为，鉴于李某已经在甲公司工作58个月，如果完全按照协议的文义，“一刀切”地要求李某赔偿全部股票价格，既有失公允，也不符合当事人之间订立该协议的初衷，因此裁决其应当赔偿的范围仅限于未履约的最后2个月，李某应向蔡某赔偿120万元。2018年7月31日，裁决送达当日李某履行了裁决，法院冻结了股票。在冻结期内，甲公司股票在2018年2月1日停牌，全部冻结期间日均收盘价为25元。2018年9月1日，甲公司股票复牌后大跌，开盘价仅为每股15元。

李某认为蔡某错误冻结了自己价值6000万元的股票，导致自己不能及时变现，给自己造成了巨额损失，向A市中级人民法院诉请蔡某赔偿损失其3000万元（根据相关规则，Z省标的金额2000万元以上的民商事案件均由中级人民法院管辖）。

请从民事诉讼法的角度，分析法院对本案应当如何处理。

解题思路与参考答案

1. 关于是否符合起诉条件：李某的起诉须符合《民诉法》第119条规定的起诉条件：原告与案件有直接利害关系；有明确的被告；有具体的诉讼请求和事实理由；属于法院主管和管辖的范围。本案原告适格且被告明确，原告针对被告的错误保全提出了具体的诉讼请求、事实和理由，且本案是因为蔡某错误申请保全而引发的侵权损害赔偿案件，虽然与股权赠与协议有一定的关联，但并不构成在法律上或事实上与该协议有关的纠纷，因此不属于仲裁协议的效力覆盖范围，属于法院的受案范围，应当由法院主管。

2. 关于管辖的问题：根据《民诉解释》第27条第2款的规定："当事人申请诉前保全后在法定期间内起诉或者申请仲裁，被申请人、利害关系人因保全受到损失提起的诉讼，由受理起诉的人民法院或者采取保全措施的人民法院管辖。"因此，本案的管辖法院应当是当初蔡某通过仲裁机构申请采取保全措施的法院。而根据《最高人民法院关于人民法院执行工作若干问题的规定（试行）》第11条，在国内仲裁过程中，当事人申请财产保全，经仲裁机构提交法院的，由被申请人住所地或被申请保全的财产所在地的基层人民法院裁定并执行。因此有权采取保全措施的法院只能是李某住所地法院或者股权所属的公司的住所地法院，这两个连接点都指向Z省B市的法院。而根据题目所示，该省2000万元以上标的金额的案件应当由中级人民法院管辖，故本案的管辖法院应当为Z省B市中级人民法院。

综上所述，李某向A市中级人民法院提起的起诉，不符合《民诉法》第119条第（四）项的规定，法院应当裁定不予受理，如果A市中级人民法院受理后方才发现，则应当裁定移送至B市中级人民法院。

案例七[①]

2010年9月，袁博进入飞讯通讯有限责任公司（以下简称飞讯公司）工作，劳动合同约定袁博从事销售工作，基本工资为每月2890元。该公司的《员工绩效管理办法》规定：员工半年、年度绩效考核分别为S、A、C1、C2四个等级，分别代表优秀、良好、价值观不符、业绩待改进；S、A、C（C1、C2）等级的比例分别为20%、70%、10%；不胜任工作原则上考核为C2。袁博起初在该公司的分销科从事销售工作，2014年3月后因分销科解散等原因，转岗至华南区从事销售工作。2013年下半年、2014年上半年及2015年下半年，袁博的考核结果均为C2。飞讯公司认为，袁博不能胜任工作，经转岗后，仍不能胜任工作，故在支付了部

① 本案例改编自最高法指导性案例第18号。

分经济补偿金的情况下与袁博解除了劳动合同。

结合上述案情，请回答下列问题：

1. 如果袁博认为飞讯公司解除劳动合同的做法违法，他可以通过哪些途径来维护自身的合法权益？

2. 如果袁博提起劳动诉讼，需要由谁来证明袁博无法胜任工作而需要解除劳动合同这一要件事实？

解题思路与参考答案

1. 本题考查劳动纠纷的解决机制，袁博可以通过以下几种途径来维护自身合法权益：

（1）尝试与单位进行和解。

（2）请求单位工会进行调解，尝试通过调解的方式来化解其与飞讯公司之间的分歧。

（3）请求单位所在地的人民调解委员会进行调解，若能达成调解协议，袁博和飞讯公司可共同申请调解组织所在地的法院对该调解协议进行司法确认，若法院予以确认，该司法确认裁定书具有执行力。

（4）袁博可以向劳动仲裁委员会申请劳动仲裁，无须达成仲裁协议。若袁博对仲裁结果不满意，还可以飞讯公司作为被告提起劳动诉讼。

2. 依据《劳动法》及《劳动合同法》对用人单位单方解除劳动合同条件的相关规定，被告飞讯公司以原告袁博不能胜任工作，经转岗后仍不能胜任工作为由，解除劳动合同，对此应负举证责任。根据《员工绩效管理办法》的规定，“C（C1、C2）考核等级的比例为10%”，虽然袁博曾经考核结果为C2，但是C2等级并不完全等同于“不能胜任工作”，飞讯通讯仅凭该限定考核等级比例的考核结果，不能证明劳动者不能胜任工作，不符合据此单方解除劳动合同的法定条件。虽然 2014 年 3 月袁博从分销科转岗，但是转岗前后均从事销售工作，并存在分销科解散导致袁博转岗这一根本原因，故不能证明袁博系因不能胜任工作而转岗。因此，飞讯通讯主张袁博不能胜任工作，经转岗后仍然不能胜任工作的依据不足，存在违法解除劳动合同的情形，应当依法向袁博支付经济补偿标准二倍的赔偿金。

案例八

2019 年 3 月 8 日，天蓝无霾，住所地在北京市西城区的甲前往北京市延庆区的丙动物园游玩，看到围墙正在整修，就从工地溜了进去，没有买票。在猴区参观时，甲不停地以食物、石子砸猴取乐。不料，负责猴区管理的饲养员丁（住所地在北京市海淀区）当天疏于职守，喂食后未关紧铁门，有猴子在暴怒之下从铁门逃出，对甲进行攻击，导致甲的左耳和胳膊受伤。经查，丙动物园对员工要求素来严格，定期培训、考核，饲养员丁此前也从未犯此类错误，此番疏于职守，是因失恋过于悲痛引起。

事发后，甲多次与丙动物园协商，但始终未能达成共识性的解决方案，甲遂将丙动物园和饲养员丁诉至北京市海淀区法院，要求承担医疗费、误工费等损失共计 2 万元。

结合上述案情，请回答下列问题：

1. 请分析本案的诉讼标的和诉讼请求分别是什么？

2. 本案中的被告是否适格？为什么？

3. 海淀区法院对该案是否享有管辖权？为什么？

4. 本案中，原告和被告各自需要对哪些要件事实承担举证证明责任？

5. 在诉讼进行过程中，丙动物园向法院提交了工地围墙上数码监控设备所拍摄的视频，该视频显示丙从工地溜入园中而没有购票，该段视频属于何种证据？

解题思路与参考答案

1. 本案的诉讼标的是人身侵权损害赔偿法律关系（《侵权责任法》第81条）。本案的诉讼请求是丙动物园和饲养员丁赔偿甲的各项损失2万元。

2. 依据《侵权责任法》第34条第1款的规定，用人单位的工作人员因执行工作任务造成他人损害的，由用人单位承担侵权责任。由此可知，本案中饲养员丁在工作中给甲造成的损害，应当由用人单位即丙动物园承担侵权责任。因此本案的适格被告应当是丙动物园，饲养员丁的行为由丙动物园承担单位责任，不应将饲养员丁列为共同被告。

3. 本案属于人身侵权纠纷，依据《民诉法》的规定，有管辖权的法院有三个，即被告住所地法院、侵权行为实施地法院、侵权结果发生地法院。本案中侵权行为发生在丙动物园内，因此侵权行为实施地即丙动物园所在的北京市延庆区。猴子在攻击甲之时，甲受伤的事实就已经形成，侵权结果就已经发生，侵权结果发生地同样为丙动物园所在的北京市延庆区。通过上一题的论述已经排除了饲养员丁作为本案被告，因此海淀区法院对于本案没有管辖权。有权对本案进行管辖的是延庆区法院，海淀区法院不应当受理本案，其应当告知原告向延庆区法院起诉。

4. 本案属于动物园动物致害的案件，依据《侵权责任法》第 81 条的规定，动物园的动物造成他人损害的，动物园应当承担侵权责任，但能够证明尽到管理职责的，不承担责任。由此可知，动物园动物致害的案件采用过错推定原则，原告需要证明：（1）有侵权行为，即猴子对甲的身体进行攻击；（2）有损害后果，甲的左耳和胳膊受伤并因此支出医疗费、误工费等损失共计 2 万元；（3）侵权行为与损害后果之间有因果关系，甲所遭受的身体损害系动物园饲养猴子所致。被告需要证明：自己已经尽到了管理职责。

5. 通过电子邮件、电子数据交换、网上聊天记录、博客、微博客、手机短信、电子签名、域名等形成或者存储在电子介质中的信息，属于电子数据。本案中工地围墙上数码监控设备所拍摄的视频，形成在电子介质上，因此属于电子数据。

案例九

梁某和祝某（二人住所地均为北京市通州区）于 1974 年结婚，婚后先后育有两子梁左、梁右和一女梁中。2016 年梁某和祝某相继去世并留下北京市朝阳区亚运公园小区 107 号公寓一套。梁左于 2000 年赴美留学，2008 年加入美国国籍，2012 年前往墨西哥游历，后逐渐与家人失去联系，生死未卜。梁右大学毕业后随女友前往深圳定居。梁中（住所地为北京市朝阳区）未考上大学，后顶替父亲在厂里工作，一直未婚并长期与父母共同居住在亚运公园小区 107 号公寓里。在梁某和祝某均去世后，梁中瞒着两个哥哥与范晓丽（住所地为北京市昌平区）签订了房屋买卖合同，以1200万元的价格将亚运公园小区107号公寓卖给范晓丽。后因范晓丽未依约支付房屋尾款，梁中将范晓丽诉至朝阳区法院，要求其按照合同的约定支付房屋尾款400万元。梁右得知诉讼发生后，与妻子商议认为，自己已经在深圳购房定居，而妹妹在北京除该处房屋外没有其他寓所，于情于理都不可能与其争夺房产，也无意介入与范晓丽的诉讼，于是他主动传真一份《放弃函》给朝阳区法院，表明自己放弃对父母遗产的继承权。此外，付某向朝阳区法院申请参加诉讼，称自己是祝某的私生子，祝某生前留有口头遗嘱，表示其去世后所有遗产都由付某继承，并提供了祝某与其父的往来信函作为证据。梁中坚决表示反对，认为从未听说有付某的存在，付某也从未对祝某尽过赡养义务。

结合上述案情，请回答以下问题：

1. 如何确定本案中所涉主体各自的诉讼地位？

2. 朝阳区法院是否有权管辖该案？为什么？

3. 付某称祝某生前留有口头遗嘱，表示去世后所有遗产都由付某继承，付某对该项事实的证明需要达到何种证明标准？为什么？

解题思路与参考答案

1. 本题综合考查本案所涉的法律关系。本案中本诉的原告和被告分别是梁中和范晓丽，其诉讼标的是房屋买卖合同法律关系。作为标的物的房屋系梁某和祝某的遗产，该套房屋应当由被继承人的三个子女梁左、梁右和梁中共同共有。在梁中将范晓丽诉至法院之后，梁右通过向法院传真《放弃函》的方式放弃了对父母遗产的继承权，因此梁右不再是继承法律关系的主体，在本案中自然不享有当事人的诉讼地位，但其可以作为证人参与诉讼。而梁左于 2000 年赴美留学，2008 年加入美国国籍，2012 年前往墨西哥游历，后逐渐与家人失去联系，生死未卜，因此梁左很可能无法得知正在进行的本诉，若其得知并表示参与，那么梁左可以作为有独三参加诉讼。此外，付某以私生子的身份向朝阳区法院申请参加诉讼，主张祝某生前留有口头遗嘱，表示其去世后所有遗产都由付某继承，因此付某可以作为有独三参加诉讼。

综上，本案所涉各主体的诉讼地位如下：

（1）本诉：原告梁中，被告范晓丽，诉讼标的为房屋买卖合同法律关系。

（2）付某：有独三。

（3）梁左：可作为有独三参诉。

（4）梁右：梁右不是本案的当事人，若当事人向法庭申请梁右出庭，梁右可以作为证人参与诉讼。

2. 梁中与范晓丽的诉讼属于商品房买卖合同纠纷，应当由合同履行地或被告住所地法院管辖，朝阳区法院作为合同履行地，对本案有管辖权。

3. 依据《民诉解释》的规定，当事人对欺诈、胁迫、恶意串通事实的证明，以及对口头遗嘱或者赠与事实的证明，法院确信该待证事实存在的可能性能够排除合理怀疑的，应当认定该事实存在。因此，付某对存在口头遗嘱这一事实的证明，需要达到排除合理怀疑的证明标准。

案例十

2018年4月14日，户籍位于丁县的张某乘坐注册地位于丙市的西方航空公司航班从甲市前往乙市，在甲市机场托运了一个纸箱，纸箱外有“国酒茅台”的商标，托运重量7.45kg。托运时甲市机场值机人员李某询问托运的物品，张某回答是茅台酒。李某询问张某是否保价，行李丢失时可以获得更多的赔偿。张某同意进行保价，并表示自己的酒每瓶值1万元，一箱6瓶，共计6万元。李某表示根据西方航空公司规定，最多只能赔偿8000元。张某表示愿意多付费用，但要求足额进行保价。李某表示电脑系统根本无法录入超过8000元的保价。鉴于登机时间已近，张某无奈之下，按照李某的要求在8000元的价值声明上签字，并按规定缴纳了保价费。李某打开纸箱看了一眼，在纸箱外侧贴上了“小心轻放”标志，完成了托运手续。以上对话过程有监控录像为证。

航班到达乙市后，张某因腹泻，在卫生间方便后才前往行李转盘，此时行李转盘已经运行了约十分钟。张某发现自己的托运行李不见踪迹，遂向机场行李查询处问询，行李查询处通过系统查阅发现，该件行李箱已经随飞机来到乙市机场，估计被他人领取，建议张某报案解决。

张某报警后，机场派出所调取监控录像，发现是一名乘客在张某来到行李转盘之前，已经拿走了张某的纸箱。录像同时显示，转盘和出口处均无工作人员对乘客拿走托运行李进行检查。由于监控录像清晰度不够，已无法确认拿走张某托运行李的乘客身份。

张某认为自己托运的是在贵州购买的茅台老酒，每瓶市场价格都在1万元左右，一共6瓶，总价值超过6万元人民币。西方航空表示可以根据保价规定，赔偿张某损失8000元。各方无法达成协议，张某准备通过诉讼的方式来维护自己的合法权益。

请结合上述案情，回答以下问题：

1. 哪些法院可能对本案具有管辖权？为什么？

2. 哪些主体可以是本案的适格被告？为什么？

3. 如果被告主张行李丢失的重要原因是张某上卫生间导致迟延到达转盘，是否应当就此承担证明责任？

4. 关于损害后果的具体数额，原告主张6万元，被告主张8000元，此时应当由谁承担证明责任？

5. 请结合法律规定和生活常识，张某可以使用哪些证据，来证明自己的托运行李是6瓶茅台年份酒？

解题思路与参考答案

1. 本案存在请求权基础的竞合，原告张某可以选择提起违约之诉或提起侵权之诉，选择不同的请求权基础，管辖法院、当事人确定、证明责任分配等均不相同。

（1）如果原告选择提起违约之诉，则运输始发地、目的地、被告住所地法院均有管辖权，即甲市法院、乙市法院和丙市法院均有管辖权。

（2）如果原告选择提起侵权之诉，则由侵权行为地或被告住所地法院管辖，即乙市法院和丙市法院。

【拓展】

请求权基础竞合的问题：《合同法》第122条规定：

“因当事人一方的违约行为，侵害对方人身、财产权益的，受损害方有权选择依照本法要求其承担违约责任或者依照其他法律要求其承担侵权责任。”该条被视为责任竞合规则，其是在实体权利层面限制权利人在请求权竞合时获得双倍赔偿，从而规定当权利人享有竞合的数项请求权时，只要其中之一被支持，则权利人之诉求已经被满足，从而意味着其他以同一给付为目的的请求权均告消灭。然而，在凭借何种请求权启动诉讼程序的问题上，权利人享有充分的自主选择权，其可以选择此项请求权，也可以选择彼项请求权，甚至可以将数项请求权同时提起，请求法院均为裁判，只要其中一项请求权获得支持，其他请求权即告消灭，也基于此，原告只能获得一份给付，即使其提出多项请求权，也不会获得重复赔偿。

2. 如前所述，本案存在请求权基础的竞合，如果张某选择提起违约之诉，则只能以合同的相对方西方航空公司作为被告。如果张某选择提起侵权之诉，则西方航空公司和乙市机场均可能作为侵权责任的承担者，可以作为适格被告。

3. 被告应当对此承担证明责任。被告的该种主张意味着原告对损失的发生存在过错，在侵权责任法中属于减责事由，构成权利妨害抗辩；在合同法中构成权利消灭事由，属于权利消灭抗辩。无论是权利妨害抗辩还是权利消灭抗辩，都应由权利的相对方也即被告来承担证明责任。

4. 解题思路一：应当由原告承担证明责任。根据证明责任的分配原理，对损害后果的证明应当由权利的主张者也即原告张某来承担证明责任。

解题思路二：该事实已经属于自认事实，因此不构成证明对象，双方当事人均无须承担证明责任。本案的责任赔偿限额条款决定了本案的最高赔偿额就是 8000 元，被告也已经自认构成满额损失，因此法院应认定本案的损失数额是 8000 元（原告签字在保价声明上签字 + 被告同意赔 8000 元）。

5. 本案中托运的茅台酒已经丢失，因此没有直接证据能够证明托运行李的价值，张某只能通过间接证据来予以证明：

（1）证明其近期购买过茅台老酒，可提供相关证据来证明近期购入并持有 6 瓶茅台酒，例如：购买 6 瓶茅台酒的发票；6 瓶茅台酒的送货记录、运货单等；购买茅台酒时的店内监控录像；刷卡记录；陪同购买者证言等。

（2）证明运输了该 6 瓶茅台酒到机场：通过监控录像、出租车司机证言、送机友人证言等方式，来证明其向机场出发时带的是 6 瓶茅台酒。

（3）证明将 6 瓶茅台酒交付机场办理托运：证明 6 瓶茅台酒装箱后的重量与托运行李重量的一致性；报案时警察所做笔录对丢失物品的记录；托运时的监控录像；行李安检时的 X 光照片；张某和值机人员李某在托运时的对话记录；李某的证人证言。

上述证据可以论证原告张某的动机、购买茅台酒的行为、将茅台酒运输到机场的行为、将茅台酒在机场托运的行为等。

案例十一

2015年4月1日，乙向A法院递交针对甲的起诉状和相关证据，并预缴了诉讼费550元。

民事起诉状

原告：乙（身份信息略）

被告：甲（身份信息略）

诉讼请求：

1. 被告赔偿给原告造成的爆竹搬运费损失20000元；

2. 被告赔偿给原告造成的车辆拖车费损失10000元；

3. 被告承担本案全部诉讼费用。

事实与理由：

2015年2月10日，被告驾车过程中发生事故，车辆翻入原告院内。由于车辆内的烟花爆竹有爆炸危险，原告为了防止损失扩大，聘请专业的人员搬运爆竹，花费20000元，拖走车辆，花费10000元。

以上费用均系被告不当的驾车行为造成，被告对此存在明显过错，根据《中华人民共和国侵权责任法》，被告应当承担赔偿责任。恳请法院依法判令被告赔偿全部损失。

此致

××人民法院

具状人：乙

2015年4月1日

法院受理该案后，确定案由为财产损害赔偿纠纷。经法定程序开庭审理，查明了以下事实：

甲为个体工商户，获政府特许，在北京经营烟花爆竹销售点。2015年2月10日（农历腊月二十二日）上午，甲驾驶自己所有的一辆面包车，采购了一车烟花爆竹，在返回烟花爆竹销售点途中，甲失去对汽车的控制，汽车撞破公路护栏，翻入公路下方乙的别墅院内，汽车起火燃烧，并存在漏油危险。乙携家中的灭火器灭火后拨打120急救电话并根据甲车上名片通知甲的家人，将甲送往医院。另外，因车上所载之大部分烟花爆竹包装已破裂，有爆燃并炸毁别墅的危险，乙聘请专业公司将爆竹移至附近之专业仓库，为此支出搬运费用20000元；同时，因汽车漏油将造成别墅草坪及院落的严重污染，乙委托拖车公司将甲之汽车移至某汽车修理厂做紧急处理，为此支出拖车费10000元，两笔费用均为合理的市场价格。

开庭审理中，法庭认为本案审理的争议焦点为甲对交通事故的发生是否存在过错：乙主张由于车、货俱为甲所有，其又是驾驶员，因而不管甲有任何理由，车辆冲入其别墅都是甲的过错造成。但甲向法庭出具了全套病历材料，证明了此次车祸系癫痫突然发作所致，且其从无癫痫的既往病史，也无家族遗传，以此证明自己对事故的发生没有过错。

法官采信了甲的主张，并向乙进行了释明，询问乙是否变更诉讼请求和理由，乙坚持不予变更。此时，有法官认为，可以直接判决驳回乙的诉讼请求；也有法官认为，可以依据公平责任，判决甲分担乙的部分损失。

请根据以上案情，撰写法院的判决理由和判决主文。

解题思路与参考答案

1. 判决书的内容：（1）案由、诉讼请求、争议的事实和理由；（2）判决认定的事实和理由、适用的法律和理由；（3）判决结果和诉讼费用的负担；（4）上诉期间和上诉的法院。判决书由审判人员、书记员署名，加盖人民法院印章。

2. 实体法相关法条参考

《侵权责任法》第6条：“行为人因过错侵害他人民事权益，应当承担侵权责任。根据法律规定推定行为人有过错，行为人不能证明自己没有过错的，应当承担侵权责任。”

《侵权责任法》第24条：“受害人和行为人对损害的发生都没有过错的，可以根据实际情况，由双方分担损失。”

《侵权责任法》第33条：“完全民事行为能力人对自己的行为暂时没有意识或者失去控制造成他人损害有过错的，应当承担侵权责任；没有过错的，根据行为人的经济状况对受害人适当补偿。完全民事行为能力人因醉酒、滥用麻醉药品或者精神药品对自己的行为暂时没有意识或者失去控制造成他人损害的，应当承担侵权责任。”

参考答案略。

案例十二

2017年10月，云南省昆明市3家化工企业将废酸委托给没有处理资质的公司和个人处理，这些公司和个人采用直接排放和船舶偷排等方式将废酸倒入当地河流中，造成了重大的环境损害。为了维护公众的环境权益，昆明市环保联合会向昆明市中级人民法院提起了环境民事公益诉讼，要求涉案的3家化工企业赔偿3000万元，用于水环境修复。昆明市中级人民法院受理该案件后，在昆明市环保联合会的请求下，于立案后的第13日将相关情况告知了当地的环境行政主管部门。在案件的审理过程中，被告提出希望法院能帮助其与原告进行调解。

结合上述案情，请回答以下问题：

1. 昆明市环保联合会是否有权提起环境民事公益诉讼？昆明市中级人民法院对该案件是否享有管辖权？为什么？

2. 法院受理环境民事公益诉讼的法定条件有哪些？

3. 如果原告方也愿意调解，法院可否以公益诉讼为由拒绝调解？为什么？

4. 如果法院受理昆明市环保联合会的起诉后，另一个享有民事公益诉权的有关组织向法院申请参加诉讼，法院应当如何处理？

5. 如果在法院受理环保联合会的公益诉讼后，因水污染而导致鱼塘受灾的公民王某将被告诉至法院，要求其承担环境侵权损害赔偿责任，法院应否受理王某的起诉？为什么？

6. 本案中法院的做法是否存在违法之处？为什么？

解题思路与参考答案

1. 本题首先考查了环境民事公益诉讼的原告主体资格，涉及法律规定的“有关组织”的具体条件要求。其次考查了环境民事公益诉讼案件的管辖法院，包括地域管辖和级别管辖。

昆明市环保联合会有权提起环境民事公益诉讼，昆明市中级法院对本案也享有管辖权。依据法律和相关司法解释的规定，对污染环境、侵害众多消费者合法权益等损害社会公共利益的行为，法律规定的机关和有关组织可以向人民法院提起诉讼。依照《环境保护法》第58条和《最高人民法院关于审理环境民事公益诉讼案件适用法律若干问题的解释》的相关规定，昆明市环保联合会属于有权提起环境民事公益诉讼的“社会组织”。

公益诉讼案件由侵权行为地或者被告住所地中级人民法院管辖，但法律、司法解释另有规定的除外。第一审环境民事公益诉讼案件由污染环境、破坏生态行为发生地、损害结果地或者被告住所地的中级以上人民法院管辖，昆明市既是污染环境行为发生地，也是损害结果地，因此昆明市中级人民法院对该案享有管辖权。

2. 法院受理环境民事公益诉讼案件的条件包括：（1）原告享有民事公益诉权主体资格，即属于法定的机关或有关组织；（2）有明确的被告；（3）有具体的诉讼请求；（4）有社会公共利益受到损害的初步证据；（5）属于人民法院受理民事诉讼的范围和受诉人民法院管辖。

3. 本题考查民事公益诉讼的调解，我国的民事公益诉讼允许有条件的调解，达成调解协议后须完成两个步骤：一是进行不少于30日的公告；二是公告结束后法院须对调解协议进行审查，判断其是否损害社会公共利益。

法院不得以案件属于公益诉讼为由拒绝调解，因为对于公益诉讼案件，当事人可以和解，法院可以调解。当事人达成和解或者调解协议后，人民法院应当将和解或者调解协议进行公告。公告期间不得少于30日。公告期满后，人民法院经审查，和解或者调解协议不违反社会公共利益的，应当出具调解书；和解或者调解协议违反社会公共利益的，不予出具调解书，继续对案件进行审理并依法作出裁判。

4. 此时法院若准许其参加诉讼，可以将该诉权主体列为共同原告。法院受理公益诉讼案件后，依法可以提起诉讼的其他机关和有关组织，可以在开庭前向法院申请参加诉讼。法院准许参加诉讼的，列为共同原告。

5. 本题考查民事公益诉权与私益诉权的关系，二者并行不悖，提起民事公益诉讼并不影响权益遭受实际损害的主体提起私益诉讼。

只要王某的起诉符合法定起诉条件，法院就应当受理，因为民事公益诉权与民事私益诉权相互间不排斥，法院受理公益诉讼案件，不影响同一侵权行为的受害人依法提起民事诉讼。

6. 本案中法院的做法存在违法之处，因为法院受理公益诉讼案件后，应当在10日内书面告知相关行政主管部门。而本案法院不仅是在原告申请下才履行了告知义务，还超过了法定的告知期限。

案例十三

2019年端午节小长假，家住北京市西城区的黄某欲与女友王某前往官鹅沟自驾游，在地处丰台区的高速路口等待交费时，因为占道顺序问题与同样自驾前往官鹅沟的赵某（住所地为北京市朝阳区）发生口角并引发肢体冲突，在扭打过程中，赵某将黄某脖子上所佩戴的祖传玉佩揪下打碎，并将黄某推倒在地，导致其轻微脑震荡。事后，虽经高速公路管理局的交警调解，但黄某与赵某无法达成调解协议，黄某遂将赵某诉至西城区人民法院，并提出如下诉讼请求：1. 请求判令赵某赔偿其因祖传玉佩被打碎所造成的财产损失56000元；2. 请求判令赵某赔偿其因轻微脑震荡而花费的医疗费用、误工费等共计15000元；3. 请求判令赵某向其当面道歉。黄某同时向法院提交了医疗费用的相关发票以及由相关鉴定机构出具的对其玉佩价值的评估报告。

西城区法院在收到黄某的起诉后，认为案情较为简单，遂决定先行调解，但赵某表示反对，并称已经过高速交警的调解但无法达成协议。但受诉法院认为高速交警的调解方式不够专业，并坚持进行了调解。后因调解无果，西城区法院立案受理了黄某的起诉并决定适用简易程序对该案进行审理。黄某与赵某均亲自到庭，黄某还委托了其在大学讲授民法的邻居贾某为其诉讼代理人。在庭审过程中，双方当事人针对究竟是谁先动手打人以及玉佩的价值问题存在较大争议，合议庭遂裁定将该案转为普通程序进行审理。

为了查明究竟是哪一方当事人先动手打人这一争议事实，法院认为有必要通知当时在场的原告的女友王某出庭作证，但恰逢王某患阑尾炎住院而无法到庭，法院于是准许王某提交书面证言。针对黄某提交的由某鉴定机构出具的玉佩价值评估报告，赵某认为缺乏客观性，遂申请法院通知其长期从事珠宝经营且具有珠宝鉴定资格的好友苗某出庭，以便于对该份价值评估报告提出质疑意见。但法院认为苗某与赵某之间的好友关系，可能导致苗某无法客观发表意见，因而未准许赵某的申请。但为了确定该评估报告的真实性，法院认为有必要通知鉴定人刘某出庭，但刘某以其工作较忙为由拒绝出庭作证。法院结合案件的其他证据进行综合考量后，部分采信了刘某的评估报告并作出如下判决：1. 判令赵某向黄某赔偿其因祖传玉佩被打碎所遭受的财产损失20000元；2. 判令赵某向黄某赔偿其因轻微脑震荡而花费的医疗费用、误工费等共计5000元。

一审判决作出后，法院经过双方当事人的同意，采用传真的方式向双方送达了一审判决书。赵某对该判决不服，向北京市第一中级人民法院提出了上诉，二审法院经过审理后，认为原审判决认定事实错误，于是裁定撤销原判决，发回原审法院重审。原审法院重审后进行了部分改判，赵某仍旧不服，再次提出上诉。二审法院审理后，以基本事实认定错误为由，再次裁定发回重审。

结合上述案情，请回答下列问题：

1. 依据《民诉法》及相关司法解释的相关规定，西城区法院先行调解的做法是否合法？为什么？

2. 本案在管辖方面是否存在问题？在二审判决生效后，赵某可否以此为由申请再审？为什么？

3. 黄某可否委托贾某担任其诉讼代理人？为什么？

4. 一审中合议庭自行裁定将案件转为普通程序审理的做法是否正确？为什么？

5. 本案中，赵某请求法院通知苗某出庭发表意见的申请是否有法律依据？法院的处理方式是否正确？为什么？

6. 一审法院部分采信了鉴定人刘某所出具的评估报告，法院的该种做法是否正确？为什么？

7. 针对刘某以工作忙为由而拒绝出庭作证的做法，黄某享有何种权利？

8. 王某未亲自出庭而提供的书面证言，可否作为认定案件事实的依据？为什么？

9. 一审法院送达判决书的送达方式是否正确？为什么？

10. 二审法院裁定撤销原判、发回重审的做法是否正确？为什么？

解题思路与参考答案

1. 本题考查起诉后、立案前的先行调解的适用条件，虽然法院有权在收到起诉状时进行先行调解，但在当事人拒绝的情况下不得进行调解。

法院有权在收到案件后、正式立案前先行调解，但是当事人拒绝调解的除外。本案中西城区法院先行调解的做法不正确，因为被告已经明确表示拒绝接受先行调解，此时法院不得先行调解。

2. 本题对管辖问题进行了综合性考查，包括：侵权纠纷的管辖法院、应诉管辖以及管辖权异议的救济途径。

本案在管辖方面存在问题，黄某与赵某之间的纠纷属于侵权损害赔偿纠纷，因此应当由侵权行为地或被告住所地法院管辖，即由丰台区法院或朝阳区法院管辖，而西城区法院作为原告住所地法院，无权管辖该案件。

二审判决生效后，赵某无权以管辖错误为由申请再审，原因有二：第一，本案中成立应诉管辖，当事人未提出管辖异议，并应诉答辩的，视为受诉人民法院有管辖权，但违反级别管辖和专属管辖规定的除外。赵某在一审程序中未依法提出管辖异议且应诉答辩，视为受诉法院有管辖权。第二，“管辖错误”不是申请再审的法定事由。

3. 黄某不可以委托贾某担任其诉讼代理人，因为贾某不具有担任诉讼代理人的法定资格。依据《民诉法》的规定，具备诉讼代理人资格的主体仅包括：(1) 律师、基层法律服务工作者；(2) 当事人的近亲属或者工作人员；(3) 当事人所在社区、单位以及有关社会团体推荐的公民。

4. 正确，因为法院在审理过程中，发现案件不宜适用简易程序的，有权裁定转为普通程序。

5. 本题考查专家辅助人制度，专家辅助人不适用回避制度，因为其是依据当事人的申请而参与到诉讼中的，具有显著的偏向性和党派性。

赵某的请求具有法律依据，依据《民诉法》的规定，当事人可以申请人民法院通知有专门知识的人出庭，就鉴定人作出的鉴定意见或者专业问题提出意见。法院的处理方式不正确，因为法律并未将专家辅助人纳入回避制度的适用范畴，因此其与赵某的好友关系并不应影响其担任专家辅助人。

6. 本题和下一题分别考查了鉴定人应当出庭的情形，以及拒不出庭的法律后果。鉴定人应当出庭而不出庭的，须承担双重法律后果：一是鉴定意见不得作为定案依据；二是当事人可以要求其返还鉴定费用。

法院做法不正确，因为人民法院认为鉴定人有必要出庭的，鉴定人应当出庭作证。经人民法院通知，鉴定人拒不出庭作证的，鉴定意见不得作为认定事实的根据。

《民诉法》第 78 条规定：“当事人对鉴定意见有异议或

者人民法院认为鉴定人有必要出庭的，鉴定人应当出庭作证。经人民法院通知，鉴定人拒不出庭作证的，鉴定意见不得作为认定事实的根据；支付鉴定费用的当事人可以要求返还鉴定费用。”

7. 黄某有权要求刘某返还鉴定费用。依据《民诉法》第 78 条的规定，经人民法院通知，鉴定人拒不出庭作证的，鉴定意见不得作为认定事实的根据；支付鉴定费用的当事人可以要求返还鉴定费用。

8. 本题考查证人可以不出庭作证的法定情形，依据《民诉法》第 73 条的规定，经人民法院通知，证人应当出庭作证。有下列情形之一的，经人民法院许可，可以通过书面证言、视听传输技术或者视听资料等方式作证：（1）因健康原因不能出庭的；（2）因路途遥远，交通不便不能出庭的；（3）因自然灾害等不可抗力不能出庭的；（4）其他有正当理由不能出庭的。

可以，因为王某属于因健康原因而无法出庭作证的情形，且法院许可其以书面证言的方式作为出庭作证的替代性方式。

9. 本题考查电子送达的适用条件和范围，《民诉法》第 78 条第 1 款规定，经受送达人同意，人民法院可以采用传真、电子邮件等能够确认其收悉的方式送达诉讼文书，但判决书、裁定书、调解书除外。

不正确，因为无论当事人是否同意，均不得对判决书、裁定书和调解书采用电子送达的方式。

10. 本题考查二审法院审理案件后的裁判方式。依据《民诉法》第 170 条的规定，原判决、裁定认定事实错误或者适用法律错误的，以判决、裁定方式依法改判、撤销或者变更，即“有错必改”。

不正确，因为原判决认定事实错误的，二审法院只能依法改判而不得发回重审。

案例十四①

甲自2009年9月1日起至今承包村集体管理的内堤河养鱼。2011年8月23日，甲发现从内堤河自北向南流来乌黑发臭的污水，导致甲144亩水面上的大小鱼类全部死亡。甲声称，A公司在徐杭河设置三个排污口，自2011年8月开始陆续向河内排污，而徐杭河通过沿河与内堤河相通，正是由于A公司的排污行为，导致污水通过上述河流流入甲所承包的内堤河养鱼河段，造成鱼虾全部死亡的严重后果。在与A公司协商未果之后，甲将A公司诉至法院，要求A公司承担甲因此次水质污染导致鱼类死亡所遭受的损失50万元。在案件的审理过程中，为了确定甲的损失数额，一审法院根据甲的申请，委托B资产评估公司于10月18日作出了001号鉴定报告书，鉴定结论为鱼类死亡损失38万元。甲先行垫付鉴定费2万元，并增加诉讼请求要求对方承担本案鉴定费用。一审法院判定A公司赔偿甲38万元，于判决生效之日起5日内付清。上诉人（原审被告）A公司不服一审法院判决，提起上诉。二审法院判定驳回上诉，维持原判。

二审判决生效后，A公司拒不履行判决，甲向法院申请

① 本案例改编自《2019年国家统一法律职业资格考试案例分析指导用书》（法律出版社2019年版）民诉部分案例五“甲诉A公司环境侵权案”。

强制执行。在执行的过程中，法院查封了A公司名下的紫光综合大楼。此时案外人C建筑公司向法院主张该查封行为侵犯自身合法权益，因为其对该综合大楼享有建筑工程优先受偿权。

A公司对二审判决不服，申请再审。A公司申请再审时声称，原一审法院认定甲遭受损失的依据是B资产评估公司作出的001号鉴定报告书，但B公司并不具备司法鉴定的资质，也没有从事渔业损失鉴定的相关资质，缺乏鉴定基础。除此之外，该鉴定结论未经庭审质证即被一审法院作为定案依据，属于程序违法。法院受理了A公司的再审申请并裁定再审。

在案件的审查过程中，再审法院发现，原一审法院对甲“要求A公司承担其预支的2万元鉴定评估费”的诉讼请求并未予以处理。

结合上述案情，请回答以下问题：

1. 就本案所涉及的以下相关事实，即事实一：A公司在徐杭河设置排污口向外排放污水；事实二：徐杭河和沿河河中的鱼类一直正常生存，没有发生因水质污染导致鱼类死亡事件，并吸引来很多垂钓者前来钓鱼；事实三：甲因所饲养鱼虾全部死亡而遭受50万元的损失；事实四：甲在发现部分鱼虾出现死亡迹象后未能及时采取有效措施隔断内堤河受污染水源，应该由谁承担责任？请简要说明理由。

2. A公司申请再审所依据的理由是什么？简要说明理由。

3. A公司向法院申请再审的同时可否向检察院申请抗诉？简要说明理由。

4. 对于原一审法院遗漏的诉讼请求，再审法院应当如何处理？简要说明理由。

5. 案外人 C 建筑公司可以通过何种途径来维护自身的合法权益？简要说明理由。

解题思路与参考答案

1. 本案属于环境侵权纠纷，原告需要证明侵权行为和损害后果的存在，被告需要证明没有因果关系以及法定的减免责事由。事实二属于行为与损害后果之间没有因果关系，事实四属于因甲自身存在过错而致使 A 公司责任减轻的具体情形，这两项事实均由被告 A 公司承担证明责任。事实一属于侵权行为，事实三属于损害后果，都应由受害方甲来承担证明责任。

2. 依据《民诉法》第 200 条第（四）项的规定，原判决、裁定认定事实的主要证据未经质证的，当事人申请再审的，法院应当再审。本案中，甲起诉 A 公司承担侵权损害赔偿责任的前提之一是确定污染行为所造成损失的具体数额，该事实属于认定案件的基本事实。法院认定甲所遭受损失的依据是 B 资产评估公司作出的 001 号鉴定报告书，该鉴定报告书属于“判决认定事实的主要证据”，但该证据却未经质证，因此 A 公司可以此为由申请再审，法院应当再审。

3. 依据 2012 年《民诉法》修正后的新规定，当事人不能同时向法院和检察院寻求救济，而须遵守“法院纠错先行、检察监督在后”的顺序。依据《民诉法》第 209 条的规定，当事人在下列情形下才可以申请检察机关提出抗诉或检察建议：（1）法院驳回再审申请的；（2）法院逾期未对再审申请作出裁定；（3）再审判决、裁定有明显错误。因此，A 公司不能在向法院申请再审的同时向检察院申请抗诉。

4. 当事人以原判决、裁定遗漏或超出诉讼请求为由申请再审的，法院应当再审，但当事人未对一审判决、裁定遗漏或超出诉讼请求提起上诉的除外。此外，无论当事人是否在上诉中主张被遗漏的诉讼请求，由于法院直至作出生效裁判都未就此裁判，当事人均可另行起诉。本案中，当事人对一审所遗漏的“鉴定费分配”的诉讼请求，并不涉及公共利益，属于当事人私权处分的范畴，甲对此既没有上诉也没有申请再审，甲同时还有另行起诉的资格，所以再审法院即使在审理过程中发现一审法院漏判，也不得主动干预。

5. 本案已经进入执行程序，案外人 C 建筑公司可以对其执行标的紫光综合大楼所享有的建筑工程优先受偿权向法院提出执行异议，如果 C 建筑公司对执行异议裁定不服，由于紫光大楼与作为执行根据的生效裁判无关，C 建筑公司可以向执行法院提起案外人执行异议之诉。

案例十五①

2017 年 8 月 12 日，甲驾驶某大型普通客车由南向北行至某路段向东右转弯时，适有乙驾驶的小型轿车由西向东驶来，两车相撞。本次事故造成两车损坏，甲客车内乘坐人丙受伤。同年 8 月 24 日，公安交通警察大队作出道路交通事故认定书，认为甲驾车时没有尽到安全驾驶的义务，车速过

① 本案例改编自 2016 年国家司法考试卷四第六题。

快，在处理紧急情况时导致车辆失控是该起事故形成的主要原因，应承担主要责任，乙驾驶的车辆存在制动不合格等违法情况，应承担次要责任。经查，戊租赁公司系甲驾驶车辆登记车主，甲系戊租赁公司员工，事发时甲正在履行职务行为。而据丙称，这次和朋友结伴出游，通过熟人介绍认识甲，租车时得知车辆属于戊租赁公司，并给了甲6000元租车费。

事发后，丙前往医院治疗，其伤情被诊断为右尺神经损伤，住院治疗7天，共花费医疗费1万元。2017年10月13日丙将肇事司机甲和戊租赁公司诉至法院，要求其承担损害赔偿责任。

在庭审的过程中，戊租赁公司主张该肇事车辆与其单位无关，并出示其公司与庚签订的落款日期为2016年的买卖合同一份。该合同约定，“戊租赁公司应该在收到庚支付的第一期购买款后将该车即时交付于庚，合同签订后该车发生事故或其他侵权及赔偿责任的，由庚一人承担，与租赁公司无关”。戊租赁公司还出示庚的声明一份，该声明显示，“本人庚，戊租赁公司已于2016年9月12日将该车转让给我。但目前一直忙于经营，还没有时间办理该车的过户手续。该车辆所涉及的一切税费和风险均由本人庚承担。除此之外，本人每月需交纳给戊租赁公司200元交通费”。庚对该买卖合同及其声明的真实性均予以认可。据查，庚为该肇事车辆在辛保险公司投保了交强险，事故发生在保险期内。据此戊租赁公司向法院提出追加辛保险公司作为本案共同被告的申请。除此之外，戊租赁公司同时向法院申请将乙和承保其交强险的丁保险公司追加为共同被告。

被告甲辩称，对交通事故认定书中确认的事故事实予以认可，但对其责任认定不予认可。甲认为，其仅为稍微超速行驶，如果乙所驾驶车辆制动合格，本案的损害后果绝对不可能发生，故应当由乙对事故承担主要责任。事发后甲对交通事故认定书向交警大队提出了数次复核申请，均被无理由退回。

结合上述案情，请回答以下问题：

1. 在本案中，原告丙可否将肇事司机甲作为被告诉至法院？简要说明理由。

2. 法院能否根据戊租赁公司的申请将庚追加为共同被告？简要说明理由。

3. 法院能否根据戊租赁公司的申请将辛保险公司追加为共同被告？简要说明理由。

4. 法院应如何认定公安交通警察大队出具的道路交通事故认定书的效力？请简要说明理由。

5. 经法院释明，原告丙坚持不将乙和丁保险公司列为本案共同被告，表示将另行起诉。法院对此应如何处理？原告此后另案起诉乙和丁保险公司，要求其承担本次交通事故侵权损害赔偿责任的行为是否构成重复起诉？简要说明理由。

解题思路与参考答案

1. 本案中的肇事司机甲是自然人，具备民事权利能力，因此也就具备民事诉讼权利能力，有资格作为被告。《民诉法》第119条起诉条件中对被告的要求是“明确的被告”，并不要求被告必须适格。因此即使从实体法律关系方面来看，侵权责任主体应当是戊租赁公司而不是肇事司机甲，但原告丙仍然可以将肇事司机甲作为被告诉至法院。

2. 肇事车辆登记在戊租赁公司名下，并以戊公司的名义对外从事运营活动，实际车主庚除了负担车辆税费之外，每月需向戊租赁公司交纳交通费200元，因此庚与戊租赁公司之间属于挂靠法律关系。挂靠人庚的诉讼地位取决于原告的诉讼请求，在原告丙只主张被挂靠人戊租赁公司承担侵权责任的情况下，法院不得将挂靠人庚追加为共同被告。换言之，只有当原告丙要求将挂靠人和被挂靠人共同诉至法院时，二者才需作为共同被告。

3. 庚为肇事车辆在辛保险公司投了交强险，且事故发生在保险期内，但本案受害人属于车上乘客，不属于交强险要求赔付范围内的人员，因此戊租赁公司要求追加辛保险公司为共同被告的申请，法院不应准许。

4. 交警大队出具的事故认定书只是证据的一种，其所证明的事实与案件其他证据所证明的事实是否一致，以及法院是否确信该事故认定书所确认的事实，应由法院依据案件的综合情况予以判断。换言之，该事故认定书的证明力由法院判断后方可确定。

5. 甲和乙没有共同的故意或过失，但两人分别实施的行为相互结合共同造成丙受伤的同一后果，甲与乙属于无意思联络的共同侵权。在能够通过交通事故认定书确认事故事实并划分责任的前提下，原告有权自由处分其损害赔偿请求权的具体行使方式，法院无须强行将乙及其保险公司丁追加为共同被告，但须将乙及其保险公司丁所应承担的赔偿份额予以扣除。本案中，如果原告丙之后另行起诉乙和丁保险公司，要求承担本次交通事故侵权损害赔偿责任，此时该诉在当事人、诉讼标的、诉讼请求三方面均与本诉不同，因此不构成重复起诉。

案例十六①

沈杰与刘曦于2010年10月13日登记结婚，于2012年4月6日取得生育证明。2012年8月，沈杰与刘曦因“原发性不孕症、反复促排卵及人工授精失败”，要求在南京市鼓楼医院（以下简称鼓楼医院）施行体外受精－胚胎移植助孕手术；鼓楼医院在治疗过程中，获卵15枚，受精13枚，分裂13枚；取卵后72小时为预防“卵巢过度刺激综合征”，鼓楼医院未对刘曦移植新鲜胚胎，而于当天冷冻4枚受精胚胎。治疗期间，刘曦曾于2012年3月5日与鼓楼医院签订《辅助生殖染色体诊断知情同意书》，刘曦在该同意书中明确对染色体检查及相关事项已经了解清楚，同意进行该检查；愿意承担因该检查可能带来的各种风险；所取样本如有剩余，同意由诊断中心按国家相关法律、法规的要求代为处理等。2012年9月3日，沈杰、刘曦与鼓楼医院签订《配子、胚胎去向知情同意书》，该同意书中载明两人在鼓楼医院生殖医学中心实施了试管手术，获卵15枚，移植0枚，冷冻4枚，继续观察6枚胚胎；对于剩余配子（卵子、精子）、胚胎，两人选择同意丢弃；对于继续观察的胚胎，如

---

① 本案例改编自“2014年度人民法院十大民事案件之五：无锡已故夫妻冷冻胚胎权属纠纷案”［参见宜兴市人民法院（2013）宜民初字第2729号民事判决］。

果发展成囊胚，两人选择同意囊胚冷冻。同日，沈杰、刘曦与鼓楼医院签订《胚胎和囊胚冷冻、解冻及移植知情同意书》，鼓楼医院在该同意书中明确，胚胎不能无限期保存，目前该中心冷冻保存期限为一年，首次费用为三个月，如需继续冷冻，需补交费用，逾期不予保存；如果超过保存期，沈杰、刘曦选择同意将胚胎丢弃。2013年3月20日23时20分许，沈杰驾驶苏B5U858车途中在道路左侧侧翻，撞到路边树木，造成刘曦当日死亡、沈杰于同年3月25日死亡的后果。现沈杰、刘曦的4枚受精胚胎仍在鼓楼医院生殖中心冷冻保存。

后因对上述4枚受精胚胎的监管权和处置权发生争议，沈新南和邵玉妹于2013年11月25日将刘金法、胡杏仙诉至江苏省宜兴市某区法院。原告认为，其子沈杰与儿媳刘曦死亡后，根据法律规定和风俗习惯，胚胎的监管权和处置权应由其行使，因此要求法院判令沈杰和刘曦存放于鼓楼医院生殖医学中心的受精胚胎（4枚）归原告监管处置。沈杰系沈新南、邵玉妹夫妇之子；刘曦系刘金法、胡杏仙夫妇之女。

审理中，因涉案胚胎保存于鼓楼医院，与本案审理结果存在关联性，故一审法院追加该院作为第三人参加诉讼。鼓楼医院辩称，冷冻胚胎的性质尚存争议，不具有财产属性，原被告双方都无法继承；沈杰夫妇生前已经签署手术同意书，同意将过期胚胎丢弃；胚胎的作用为生育，现沈杰夫妇都已去世，在原被告双方都不具备处置和监管胚胎条件的情况下，胚胎被取出后，唯一能使其存活的方式就是代孕，但代孕行为属于违法行为，原被告双方也无权行使死者的生育权，故要求判决驳回原告的诉讼请求。上述事实，有病历简介、病历资料、准生证、事故认定书、结婚证、户籍资料、知情同意书及原审法院开庭笔录等证据在卷佐证。

一审法院认为：公民的合法权益受法律保护。沈杰与刘曦因自身原因而无法自然生育，为实现生育目的，夫妻双方至鼓楼医院施行体外受精－胚胎移植手术。现夫妻双方已死亡，双方父母均遭受了巨大的痛苦，沈新南、邵玉妹主张沈杰与刘曦夫妻手术过程中留下的胚胎作为其生命延续的标志，应由其负责保管。但施行体外受精－胚胎移植手术过程中产生的受精胚胎为具有发展为生命的潜能，含有未来生命特征的特殊之物，不能像一般之物一样任意转让或继承，故其不能成为继承的标的。同时，夫妻双方对其权利的行使应受到限制，即必须符合我国人口和计划生育法律法规，不违背社会伦理和道德，并且必须以生育为目的，不能买卖胚胎等。沈杰与刘曦夫妻均已死亡，通过手术达到生育的目的已无法实现，故两人对手术过程中留下的胚胎所享有的受限制的权利不能被继承。综上，对于沈新南、邵玉妹提出的其与刘金法、胡杏仙之间，应由其监管处置胚胎的诉请，法院不予支持。依照《中华人民共和国民法通则》第5条、《中华人民共和国继承法》第3条之规定，一审法院判决驳回沈新南、邵玉妹的诉讼请求。

沈新南、邵玉妹不服一审判决，向江苏省宜兴市中级人民法院提起上诉。二审法院根据上诉人在原审中的诉请以及当事人之间法律关系的性质，将本案案由由继承纠纷变更为监管权和处置权纠纷，并于2017年9月17日就该案作出二审判决。

结合上述案情，请回答下列问题：

1. 就本案中鼓楼医院参加诉讼的具体情况，法院是否有权直接将医院列为有独立请求权的第三人？为什么？

2. 在本案中，医院能否被追加为无独立请求权的第三人？为什么？

3. 原告在一审程序中提起的诉讼请求，属于确认之诉还是给付之诉？请说明理由。

4. 如果原告在一审程序中的诉讼请求得到法院支持，其是否具有执行力？请说明理由。

5. 本案中的执行标的如何确定？为什么？

6. 二审法院变更案由的做法是否合法？请说明理由。

解题思路与参考答案

1. 有独三是对双方当事人的诉讼标的提出独立请求的人，有独三参加诉讼的方式只能是主动起诉，法院不得依职权追加有独三。本案中，鼓楼医院在一审中并未主动提起对原告和被告的诉讼，而是由法院追加为无独三参加诉讼。因此，鼓楼医院不可能是有独三。

2. 鼓楼医院在一审中的主张表明，其既不同意将胚胎判决给原告，也不同意判给被告，而是主张自己享有胚胎的处置权，因此医院提出的实际上是一个“双重反对”的独立请求权，而不是作为辅助型的第三人，更不可能是承担责任的被告型第三人，因此不能将鼓楼医院追加为无独三。

3. 原告在一审程序中提出的诉讼请求应当是确认之诉，属于“请求法院确认原告拥有上述权利”的意思。本案原告在一审中提出的诉讼请求，虽然在表述内容上没有明确“请求法院确认原告拥有上述权利”等类似的语词，但从请求“判令胚胎的监管权和处置权归原告所有”的文义可以看出，原告的诉讼请求实际上属于确认请求，其单纯使用“判令”的表述方式并不妨碍对请求内容进行实质性分析和理解。

4. 原告诉讼的目的是要求医院向其交付胚胎，该确认判决是否具有执行力，取决于医院是否有权拒绝交付。只要申请执行的法律文书具有给付内容且执行标的和被执行人明确，则判决主文应当具有执行力。

5. 能够作为执行标的的只能是财产和行为，人身不能被执行。无论如何理解胚胎的法律性质，由于本案的执行内容是对胚胎的交付行为，本案原告诉讼请求的内容都能够成为执行标的。

6. 依据《民事案件案由规定》，民事案件案由应当依据当事人主张的法律关系的性质来确定。当事人起诉的法律关系与实际诉争的法律关系不一致的，法院结案时应当根据法庭查明的当事人之间实际存在的法律关系性质，相应变更案由。基于上级法院对下级法院的监督和纠错功能，其在案件审理过程中有权变更案由。《民事案件案由规定》中没有列明“监管权、处置权”纠纷，二审法院实际上创造出了一类新的案由。此时法院不得以当事人的诉请暂时没有相应案由可适用为由，裁定不予受理或者驳回起诉，影响当事人行使诉权。不过根据《民事案件案由规定》，地方法院无权创设并自行使用新案由，更稳妥的做法应当是考虑直接适用已有的上级案由。

案例十七

周某为七星电器有限公司设立时的股东。2017年4月3日，汤某与周某签订《股权转让协议》，约定周某将其持有的七星电器有限公司6.35%股权转让给汤某。同日，双方签订《股权转让资金分期付款协议》，约定周某将其持有的七星电器有限公司6.35%股权转让给汤某，周某有义务配合汤某办理有关股权转让手续，股权转让款合计710万元，在一年内付清，其中2017年4月3日先付150万元，2017年8月2日付150万元，2017年12月2日付200万元，2018年4月2日付210万元，此协议一式两份，双方签字生效，永不反悔。协议尾部附周某的中国建设银行、中国农业银行账号，见证人处有张龙、南彭等人的签名。

协议签订后，汤某于2017年4月3日向周某转账支付150万元。2017年10月11日，周某以公证方式向汤某送达《关于解除协议的通知》，其中载明：因汤某未按《股权转让资金分期付款协议》付清第二笔股权转让款150万元，周某在合理期限内多次提出履行义务的催告，而汤某仍未付清上述费用，且拒绝与周某就协议履行问题会面协商，周某根据《合同法》第94条、第96条的规定，解除双方签订的《股权转让资金分期付款协议》，双方未履行的义务将不再履行。周某为证明其向汤某履行了催告义务，提供了其委托道法自然律师事务所牛荣律师代为催收股权转让款的《授权委托书》、道法自然律师事务所《介绍信》《律师函》、青绿服务公司《证明》、周某与汤某的短信记录、周某与《股权转让资金分期付款协议》见证人之一的南彭的短信记录及周某2017年8月期间通话清单等一系列证据。法庭调查查明：该短信记录与通话记录中均无法反映出通话的具体内容，律师函没有提供汤某已收到的证据。

2017年10月12日，汤某向周某转账支付150万元，并于当日起诉至东江县法院，请求判令：(1) 确认周某解除双方签订的《股权转让资金分期付款协议》行为无效，该协议继续履行；(2) 周某限期配合汤某办理股权转让的工商变更登记手续；(3) 本案诉讼费用及保全费用由周某承担。汤某主张：因工商局办理变更股权登记时要求周某必须到场而周某拒不到场故而迟延支付股权转让款。同时提交了一组证据予以证明：(1) 东江县工商行政管理局2017年8月5日作出的《企业登记疑难问题会审会议记录》；(2) 浑然天成律师事务所2017年8月3日向东江县工商行政管理局发出的律师函。上述证据证明东江县工商行政管理局审核七星电器有限公司申请变更法定代表人及案涉股权变更登记时，要求周某到场配合办理，因周某拒不配合，汤某遂迟延支付股权转让款，并非恶意不履行股权转让合同。周某对该组证据的真实性无异议，但认为不能证明案涉股权变更登记需要周某配合到场以及汤某逾期付款属于行使抗辩权的主张。

周某答辩称：(1) 汤某逾期支付第二笔股权转让款构成根本违约。工商机关对案涉股权进行变更登记，无须周某到场配合，且从股权变更登记已完成也能印证周某在股权变更登记过程中并无过错，并非汤某所陈述其延迟支付第二笔股权转让款是依法行使抗辩权。(2) 案涉股权转让款的支付分成四期支付，汤某无正当理由拒不履行支付第二笔转让款，且经周某催告并给予合理期限仍不支付，汤某的行为已经构成根本违约，依据《合同法》第94条及第167条的规定，周某有权要求解除合同。综上，请求法庭驳回汤某的全部诉讼请求。

法院庭审查明：

1. 2017年10月24日，周某向汤某发出《通知函》，告知因双方签订的《股权转让资金分期付款协议》已经解除，周某将退还汤某已支付的股权转让款300万元。同日，周某向汤某转账支付300万元。

2. 2017年8月7日，东江县工商行政管理局受理七星电器有限公司提交的变更（备案）登记，其中包括将周某持有的七星电器有限公司6.35%股权转让给汤某这一事项。案涉股权已变更登记至汤某名下。

3. 2017年12月2日，汤某通过其中国建设银行账户转账支付500万元给周某，该款项包括第一笔、第二笔、第三笔股权转让款。同日，周某通过其中国建设银行账户将上述款项如数退还给汤某。

4. 2018年3月28日，汤某通过中国农业银行账户转账支付第四笔股权转让款210万元给周某；2018年4月17日，周某通过其中国农业银行账户转账退还该210万元给汤某。

5. 庭审过程中，汤某反复表示，愿意支付全部的股权转让价款给周某。

正式开庭核对当事人时，周某的委托代理律师向法庭提出了管辖权异议，认为该案应当由合同履行地的西江县人民法院管辖。

庭审中，汤某当庭撤销了第（2）项诉讼请求，即周某限期配合汤某办理股权转让的工商变更登记手续。

庭审中，高天公司向法庭出示了其与周某之间的代持股协议，证明周某转让的股权系代高天公司持有，高天公司以周某转让股权未经其同意为由，申请加入诉讼，并要求确认周某与汤某之间的股权转让协议无效。法庭调查查明，该代持股协议真实存在，但该6.35%股权对应的出资仍有135万元没有缴清。

结合上述案情，请回答以下问题：

1. 请依据案情以及双方当事人的主张，从承办案件的主审法官的角度，总结出本案在事实和证据方面的争议焦点。

2. 针对周某代理律师提出的管辖权异议申请，合议庭应当如何处理？为什么？

3. 庭审中，汤某当庭撤销了第（2）项诉讼请求，即周某限期配合汤某办理股权转让的工商变更登记手续，对此法院是否应予准许？为什么？

4. 对于高天公司以周某转让股权未经其同意为由，申请加入诉讼，法院是否应当同意该申请？若同意，应如何确定周某的诉讼主体地位？

5. 假设你是本案法官，请拟定一份一审判决书。

解题思路与参考答案

1. 本案在事实和证据方面的争议焦点主要有三：（1）汤某迟延支付第二笔股权转让价款是否构成根本违

约；（2）周某是否依法对汤某延迟履行股权转让价款进行了催告且汤某已经收到了该催告函件；（3）周某请求解除双方签订的《股权转让资金分期付款协议》的行为是否已经生效。

2. 本案中周某的代理律师在开庭时才提出管辖权异议，法院应当不予审查，继续审理案件。因为依据《民诉法》第127条的规定，当事人应当在提交答辩状期间提出管辖权异议，如果逾期提出，法院有权不予审查，但如果违反了级别管辖和专属管辖的规定，法院可以依职权进行审查。本案中周某的代理律师提出的管辖权异议并不涉及级别管辖和专属管辖，因此法院应当不予审查。

3. 在诉讼中，当事人有权通过变更诉讼请求的方式处置自己的诉讼权利和实体权利。从法律规范层面来看，司法解释中对变更诉讼请求之时间的规定并不一致，但从基本原理层面来看，在一审的法庭辩论结束前，当事人可以变更诉讼请求。因此应当准许汤某撤销第（2）项诉讼请求，该行为属于汤某对自己实体权利的处分，也符合民事诉讼法的相关规定和原理。

4. 周某与汤某交易的股权为周某代高天公司持股，实际的股东为高天公司，因此高天公司对于原告和被告的诉讼标的具有独立的请求权，且自己申请加入诉讼，应当准许，其诉讼地位为有独立请求权的第三人。

5. 答案略。

案例十八①

2015 年 2 月 13 日，在北京市东城区经营的大力养生会所（大力公司的分公司）与陈某某签订了《大力养生会所股份制合作协议书》，该协议书中约定“因本合同引起的或与本合同有关的任何争议，均提请北京市仲裁委员会按照其仲裁规则进行仲裁。仲裁裁决是终局的，对双方均有约束力”。后陈某某因与大力公司在会所的经营战略上产生了分歧，遂依照仲裁协议交由北京仲裁委员会进行仲裁。陈某某在预交了仲裁费用后，北京仲裁委员会于 2017 年 3 月 22 日受理此争议，并依照仲裁规则确定了由三名仲裁员组成的仲裁庭。在庭审过程中，大力公司并未对北京仲裁委员会对该案具有管辖权提出异议，且参加了仲裁庭审理的全部过程。

2017 年 6 月 29 日，仲裁庭就仲裁费以外的事项作出如下裁决：（1）解除陈某某与大力公司于 2015 年 2 月 13 日签订的《大力养生会所股份制合作协议书》；（2）大力公司向陈某某返还投资款 20 万元；（3）大力公司向陈某某支付自 2015 年 3 月 2 日至投资款全部给付之日止，以 20 万元投资款为基数，按照中国人民银行同期贷款利率计算的利息，暂计算至 2017 年 3 月 22 日为 20679.17 元。

大力公司对仲裁结果表示不满，于 2017 年 7 月 2 日向北京市第三中级人民法院申请撤销仲裁裁决，并提出以下主

---

① 本案例改编自《2018 年国家统一法律职业资格考试案例分析指导用书》（法律出版社 2018 年 5 月版）民诉部分案例八“大力公司与陈某某仲裁案”，第 539 页。

要事实和理由。首先，大力公司与陈某某不存在仲裁协议。其分公司同陈某某订立的仲裁协议不能约束大力公司，同时协议书中约定的“北京市仲裁委员会”指向不明，不能指向确定的仲裁机构。其次，仲裁程序违法。仲裁庭不允许其复印开庭笔录、不允许其调取庭审录像，违反了《民诉法》的相关规定，属于程序违法。最后，仲裁员有枉法裁决的行为。仲裁员故意错误地认定本案法律关系的性质，在法律适用上存在错误。

北京市第三中级人民法院于2017年8月15日作出裁定，驳回大力公司提出的撤销仲裁裁决的申请。随后，陈某某向北京市第二中级人民法院申请执行（注：该法院对应东城区人民法院的上一级法院），法院目前已经受理。

结合上述案情，请回答下列问题：

1. 本案双方当事人约定的仲裁机构为“北京市仲裁委员会”，而不是在国内享有盛誉的“北京仲裁委员会”，法院在认定仲裁机构时应当如何理解？请说明理由。

2. 大力公司在申请撤销仲裁裁决时认为，其与陈某某之间不存在仲裁协议。从本案程序经过的角度考虑，法院是否会支持其主张？请说明理由。

3. 大力公司在申请撤销仲裁裁决时也认为，仲裁庭的行为违反了《民诉法》的相关规定，构成程序违法。法院会如何理解程序违法？请说明理由。

4. 大力公司在申请撤销仲裁裁决时还认为，仲裁员在案件的法律适用上有枉法裁决的行为。根据现行有效的法律和司法解释，法院应如何认定枉法裁决？请说明理由。

5. 在仲裁裁决的执行过程中，大力公司能否申请不予执行仲裁裁决？请说明理由。

解题思路与参考答案

1. 依据《仲裁法解释》第3条的规定，仲裁协议约定的仲裁机构名称不准确，但能够确定具体的仲裁机构的，应当认定选定了仲裁机构。仲裁条款中约定的机构名称为“北京市仲裁委员会”，能够确认是对北京仲裁委员会名称的误写，所以选定的实际是后者。

2. 当事人对仲裁协议的效力有异议的，应当在仲裁庭首次开庭前提出。此外，当事人在仲裁程序中未对仲裁协议的效力提出异议，在仲裁裁决作出后，以仲裁协议无效为由主张撤销或不予执行仲裁裁决的，法院不予支持。本案中，申请人在仲裁案件的庭审过程中，并没有对北京仲裁委员会的管辖权提出异议，并且参加了仲裁庭审理的全过程，因此表明申请人对该纠纷自愿接受北京仲裁委员会的管辖，北京仲裁委员会有权审理该案。

3. 仲裁庭是否准许当事人复制庭审笔录，依据的是《仲裁法》及《仲裁规则》，而不是依据《民诉法》的规定。仲裁庭未准许申请人复印庭审笔录及调取庭审录像，并不违反《仲裁法》和《仲裁规则》的规定。

4. 依据《最高人民法院关于审理仲裁司法审查案件若干问题的规定》第18条的规定，仲裁员在仲裁该案时有索贿受贿、徇私舞弊、枉法裁决行为，是指已经由生效刑事法律文书或者纪律处分决定所确定的行为。另外，对案件事实的认定是否准确、法律适用是否正确，都不是法院司法审查的范围，因此如果申请人不能提供相应证据，其主张的理由不会得到法院的支持。

5. 当事人向法院申请撤销仲裁裁决被驳回后，又在执行程序中以相同理由提出不予执行抗辩的，法院不予支持。因此，当事人在仲裁程序中败诉后，可以先申请撤销仲裁裁决，在进入执行程序后，可以不同的理由，再次申请不予执行仲裁裁决。但同一理由不能重复申请。

案例十九①

黄某和诚信公司（一人有限责任公司）于 2015 年 6 月 1 日达成协议，约定诚信公司总计向黄某交付特种砖 3000 万块，单价每块 1 元，由诚信公司负责运输。后双方就该买卖合同的履行发生争议，起诉至法院后，经法院调解，于 2015 年 10 月 12 日达成新的协议。其中，除了作为已经履行部分的清算结果，诚信公司向黄某支付 600 万元之外，调解书就尚未履行的部分也作出了新的约定，诚信公司应于 2015 年 10 月至 2016 年 2 月间按照原定生产计划继续向黄某交付 2000 万块砖。作为违约责任的约定，诚信公司若不能按约定完成当月的供砖量，按不足部分每块 0.29 元补偿给黄某；黄某每月 30 日与诚信公司结算，并在 5 个工作日内结清当月所购砖款，逾期每日按日万分之五承担违约金；若黄某未按约定付款，则承担未付款部分 30% 的违约金，若诚信公司未供够砖数，除每块按 0.29 元补偿黄某外，还应

① 本案例改编自《2018 年国家统一法律职业资格考试案例分析指导用书》（法律出版社 2018 年 5 月版）民诉部分案例七“诚信公司被执行案”，第 533 页。

承担未供部分30%的违约金。诚信公司按照上述调解书确定的内容履行至2015年11月后再未继续履行。经法院多次组织协商后，双方仍未能达成进一步协议。

2016年11月10日，债权人黄某亲自到执行法院立案庭提出执行申请，要求债务人诚信公司支付调解书约定的600万元，违约金400万元，迟延履行金100万元。次日，执行法院作出执行决定书，将诚信公司纳入失信被执行人名单，并且于当日录入失信被执行人名单库，通过中国执行信息公开网向社会公布。2017年5月15日，执行法院在诚信公司办公场所，向其前台送达了执行通知书。2017年6月1日，黄某又来到执行法院，以诚信公司现有财产不足100万元且赵某与诚信公司财产混同为由，书面申请将诚信公司的股东赵某追加为被执行人。2017年7月3日，经执行法院组成合议庭审查并公开听证后，认为确有充分证据证明诚信公司与其股东财产混同，裁定支持了黄某的申请。2017年7月5日，赵某在某招聘网站上发布了招聘“生活助理（英文方向）”的广告，月薪50000元，其中岗位职责包括负责孩子的英语辅导、提供一对一英文教学等内容。

2017年7月7日，经过司法网络查控系统查询，执行员查封了赵某名下位于上海市徐家汇的三居室毛坯房一套，并确定赵某名下再无其他住房，其另行购买的两套二手房登记在其子赵某某名下。第三人魏某在淘宝网司法拍卖平台上，依照法律和平台规定，通过网络拍卖拍下该套房产。在拍卖结束后，被执行人赵某向执行法院提出异议，认为法院委托的评估有误，过户房屋会给他造成巨大经济损失。重新评估结果显示，拍卖房屋的建筑面积从100平方米变成了120平方米，估价也从800万元变成了950万元。同时，赵某在异议书中也认为，其十分认可之前负责本案的执行承办法官张某，执行法院不能自行改由李某某法官负责本案。

结合上述案情，请回答下列问题：

1. 2015年10月12日法院出具的调解书就尚未履行部分作出了新的约定，黄某在执行程序中也要求诚信公司支付违约金400万元，迟延履行金100万元。从执行的条件来看，法院能否执行上述申请？请说明理由。

2. 在调解书生效后，执行法院未发出执行通知，就直接将诚信公司纳入失信被执行人名单的做法，是否符合法律规定？请说明理由。

3. 法院将赵某追加为被执行人的做法，是否符合法律规定？请说明理由。

4. 法院执行赵某的住房，是否违反执行法规的规定。请说明理由。

5. 考虑本案案情，法院能否禁止赵某在某网站招聘生活助理的行为？请说明理由。

6. 考虑本案案情，执行法院是否会支持被执行人的两项异议申请？请说明理由。

解题思路与参考答案

1. 当事人申请法院执行的生效法律文书应当给付内容明确，否则不能成为被执行的内容。本案中调解书所确定的基于双方违约责任而导致的给付义务，取决于未来发生的事实，调解书并没有明确一方当事人已经违约所应当承担的责任，法院需要对该调解书所约定违约责任的确定性进行判断，针对此所产生的纠纷不能通过执行程序解决，而应当通过另行诉讼的方式解决。因此，法院不能执行黄某基于违约责任约定的申请。

2. 将被执行人列入失信被执行人名单的做法属于采取保障性的强制执行措施，不需要以发出执行通知并送达当事人为前提，因此法院的做法合法。

3. 根据《最高人民法院关于民事执行中变更、追加当事人若干问题的规定》第 20 条的规定，作为被执行人的一人有限责任公司，财产不足以清偿生效法律文书所确定的债务，股东不能证明公司财产独立于自己的财产，申请执行人申请变更、追加该股东为被执行人，对公司债务承担连带责任的，法院应予支持。本案中，诚信公司的财产少于其应当支付给黄某的金钱数额，且黄某能够证明诚信公司与股东赵某的财产混同，因而法院应当裁定追加赵某为被执行人。

4. 《最高人民法院关于人民法院办理执行异议和复议案件若干问题的规定》第 20 条第 1 款第（一）项放宽了对执行房屋的限制，金钱债权执行中，符合下列情形之一，被执行人以执行标的系本人及所扶养家属维持生活必需的居住房屋为由提出异议的，法院不予支持：对被执行人有扶养义务的人名下有其他能够维持生活必需的居住房屋的。本案中，被执行人赵某名下虽然只有一套住房，但是其之前将另行购买的两套二手房均登记在其子赵某某的名下，使其在本案中被执行的住房并不具有生活所必需的居住房屋的性质。因此法院执行其位于徐家汇的住房，并不违反执行法规的规定。

5. 根据《最高人民法院关于限制被执行人高消费及有关消费的若干规定》第1条第2款的规定，纳入失信被执行人名单的被执行人，法院应当对其采取限制消费措施。本案中，赵某因为被纳入失信被执行人名单，所以法院应当限制其高消费。其在某网站高薪招聘生活助理、为孩子提供专人英语教育的行为，属于应当被限制的消费内容。

6. 利害关系人认为执行行为违反法律规定的，可以向负责执行的法院提出书面异议。本案中，受委托机构的评估结果明显失实，拍卖的起拍价偏低，很可能最终减少被执行人在拍卖中所能获得的拍卖款，损害其对债权的清偿能力，符合执行行为异议的要求。

但法院更换承办人员属于内部管理行为，不是法院在执行过程中作出的具体执行行为，不属于法律规定的执行异议案件的受理范围。因此，对于执行法院将执行承办法官由张某变更为李某某的决定，被执行人无权提出执行异议。

案例二十

赵晓丽与王亮平在夫妻关系存续期间购买了本市白云区新塘路28号房屋及白云区华山路房屋。其中新塘路房屋的房屋产权登记在王亮平名下，华山路房屋的房屋产权共同登记在赵晓丽与王亮平名下。华山路房屋名下尚有银行抵押贷款，主贷人为王亮平。

2010年10月29日，赵晓丽与王亮平在民政部门登记离婚。2010年10月31日，赵晓丽与王亮平签订离婚协议，约定：“大儿子王大归女方，小儿子王二归男方；白云区的两套房屋归女方；公司股份第三人21.125%、王大21.125%、王二21.125%，王大的股份由女方代管。”该离婚协议目前留存于民政部门。上述离婚协议签订后，协议所涉的房屋产权及公司股份均未发生变更登记。

王亮平于2011年3月12日与李小凤领取了结婚证，并于2015年10月30日经法院调解达成离婚协议并由法院出具民事调解书。

后王亮平与黄敏敏因股权转让发生纠纷并诉至法院，经法院审理于2016年3月27日作出（2015）沪一中民四（商）初字第S51号民事判决，判令王亮平于判决生效之日起十日内归还黄敏敏人民币2000万元并支付相应的利息，利展纺织（浙江）有限公司、浙江宏展新材料有限公司对王亮平承担连带还款责任。该案生效后，因王亮平及利展纺织（浙江）有限公司、浙江宏展新材料有限公司未履行生效判决所确定的还款义务，故黄敏敏向法院申请执行。在执行过程中，法院依法查封了上述白云区新塘路和华山路的两套房屋。

赵晓丽在上述房屋被查封后，向法院执行部门提出异议，其主要理由是：在与王亮平的离婚协议中已约定了上述两套房屋的所有权归赵晓丽所有，仅仅是没有办理过户手续。因此要求法院解除对系争房屋的查封并中止执行。

法院执行部门对此依法组成合议庭进行了听证审查，并于2017年6月19日作出（2017）沪一中执异字第7－1号、7－2号执行裁定书，裁定驳回赵晓丽提出的异议。赵晓丽对该裁定不服，遂将黄敏敏诉至法院，请求法院判令：一、确认白云区新塘路28号房屋、白云区华山路房屋的所有权属于原告；二、解除对前述两套房屋的司法查封，停止对该两套房屋的执行。

结合上述案情，请回答以下问题：

1. 赵晓丽是否有权以黄敏敏作为被告提起该诉讼？请说明理由。

2. 王亮平在本案中的诉讼地位如何？请说明理由。

3. 法院应当如何处理赵晓丽的诉讼请求？请说明理由。

解题思路与参考答案

1. 赵晓丽的执行标的异议，与原生效裁判的正确性无关，而是指向执行标的物的所有权规定。在法院裁定驳回赵晓丽的执行标的异议后，其有权以申请执行人黄敏敏作为被告，提起案外人执行异议之诉。因此，赵晓丽有权以黄敏敏作为被告提起诉讼。

2. 王亮平在本案中的诉讼地位取决于他的态度和意思表示，如果王亮平表示其同意原告赵晓丽的诉讼请求，则可以列为无独三；如果王亮平反对赵晓丽的诉讼请求，则应将王亮平列为共同被告。

3. 本案系争房屋是原告赵晓丽与第三人王亮平夫妻关系存续期间所购买，根据《婚姻法》的相关规定，系争房屋应属原告与第三人的夫妻共同财产。我国《物权法》第9条明确规定，“不动产物权的设立、变更、转让和消灭，经依法登记，发生法律效力；未经登记，不发生法律效力”。双方在离婚协议中约定上述房屋产权均归原告所有，这是第三人对自己在系争房屋产权中所拥有份额的处分，该处分行为未经产权变更登记并不直接发生物权变动的法律效果，也不具有对抗第三人的法律效力。因系争房屋的产权未发生变更登记，第三人王亮平仍为系争房屋的登记产权人，其在系争房屋中的产权份额尚未变动至原告名下，故在第三人对外尚存未履行债务的情况下，被告黄敏敏作为第三人的债权人，要求对第三人名下的财产予以司法查封并申请强制执行符合法律规定。原告依据《离婚协议书》对系争房屋产权的约定，要求确认系争房屋的所有权属其所有，并要求解除对系争房屋的司法查封、停止对系争房屋执行的诉讼请求于法无据，法院不应支持。因此，法院应当判决驳回原告赵晓丽的诉讼请求。

案例二十一[①]

赵文、赵武、赵军系亲兄弟，其父赵祖斌于2013年1月去世，除了留有一个元代青花瓷盘外，没有其他遗产。该青花瓷盘在赵军手中，赵文、赵武要求将该瓷盘变卖，变卖款由兄弟三人平均分配。赵军不同意。2013年3月，赵文、赵武到某省甲县法院（赵军居住地和该瓷盘所在地）起诉赵军，要求分割父亲赵祖斌的遗产。经甲县法院调解，赵文、赵武与赵军达成调解协议：赵祖斌留下的青花瓷盘归赵军所有，赵军分别向赵文、赵武支付人民币20万元。该款项分2期支付：2013年6月各支付5万元、2013年9月各支付15万元。

---

① 该案例为2014年司法考试卷四真题。

但至2013年10月，赵军未向赵文、赵武支付上述款项。赵文、赵武于2013年10月向甲县法院申请强制执行。经法院调查，赵军可供执行的款项有其在银行的存款10万元，可供执行的其他财产折价为8万元，另外赵军手中还有一把名家制作的紫砂壶，市场价值大约5万元。赵军声称其父亲留下的那个元代青花瓷盘被卖了，所得款项50万元做生意亏掉了。法院全力调查也未发现赵军还有其他的款项和财产。法院将赵军的上述款项冻结，扣押了赵军可供执行的财产和赵军手中的那把紫砂壶。

2013年11月，赵文、赵武与赵军拟达成执行和解协议：2013年12月30日之前，赵军将其在银行的存款10万元支付给赵文，将可供执行财产折价8万元与价值5万元的紫砂壶交付给赵武。赵军欠赵文、赵武的剩余债务予以免除。

此时，出现了以下情况：①赵军的朋友李有福向甲县法院报告，声称赵军手中的那把紫砂壶是自己借给赵军的，紫砂壶的所有权是自己的。②赵祖斌的朋友张益友向甲县法院声称，赵祖斌留下的那个元代青花瓷盘是他让赵祖斌保存的，所有权是自己的。自己是在一周之前（2013年11月1日）才知道赵祖斌已经去世以及赵文、赵武与赵军进行诉讼的事。③赵军的同事钱进军向甲县法院声称，赵军欠其5万元。同时，钱进军还向法院出示了公证机构制作的债权文书执行证书，该债权文书所记载的钱进军对赵军享有的债权是5万元，债权到期日是2013年9月30日。

结合上述案情，请回答以下问题：

1. 在不考虑李有福、张益友、钱进军提出的问题的情

况下，如果赵文、赵武与赵军达成了执行和解协议，将产生什么法律后果？（考生可以就和解协议履行的情况作出假设）

2. 根据案情，李有福如果要对案中所提到的紫砂壶主张权利，在民事诉讼制度的框架下，其可以采取什么方式？采取相关方式时，应当符合什么条件？（考生可以就李有福采取的方式可能出现的后果作出假设）

3. 根据案情，张益友如果要对那个元代青花瓷盘所涉及的权益主张权利，在民事诉讼制度的框架下，其可以采取什么方式？采取该方式时，应当符合什么条件？

4. 根据案情，钱进军如果要对赵军主张5万元债权，在民事诉讼制度的框架下，其可以采取什么方式？为什么？

解题思路与参考答案

1.【解题思路及要点提示】本题考查执行和解协议的法律后果，包括达成执行和解协议的效力、履行协议的效力，以及不履行或不完全履行协议时的救济方式。考生须特别注意执行和解的最新规定（可恢复、可起诉）：被执行人一方不履行执行和解协议的，申请执行人可以申请恢复执行原生效法律文书，也可以就履行执行和解协议向执行法院提起诉讼。申请执行人就履行执行和解协议提起诉讼，执行法院受理后，可以裁定终结原生效法律文书的执行。

【参考答案】如果赵文、赵武与赵军达成了执行和解协议，将产生的法律后果是：（1）和解协议达成后，执行程序中止；（2）如果在执行和解履行期内赵军履行了和解协议，执行程序终结，调解书视为执行完毕，法院作执行结案处理；（3）如果在执行期届满后，赵军没有履行执行和解协议，赵文、赵武可以申请恢复执行，也可以选择针对和解协议起诉。如果赵文、赵武选择申请恢复执行，则应以调解书作为执行根据。若赵军履行了执行和解协议的一部分，执行时应当对该部分予以扣除。如果赵文、赵武不选择申请恢复执行，那么可以针对和解协议起诉，法院受理起诉后，可以裁定终结原调解书的执行。

2.【解题思路及要点提示】本题涉及执行标的异议，以及案外人执行异议之诉的适用条件和当事人的确定。李有福作为案外人，可以在执行程序中提出执行标的异议，主张对该紫砂壶的权利。本题的设计考查了考生对假定条件分类讨论的能力：如果法院裁定李有福的异议成立将中止执行；如果法院裁定驳回李有福的异议，因为紫砂壶所有权的问题与原判决无关，因此李有福可以提起以阻碍执行为目的的案外人执行异议之诉，以申请执行人赵文和赵武为被告，被申请人赵军的地位则视其态度而定，若其反对李有福的主张则列为共同被告，不反对的可以列为第三人。

	案外人执行异议之诉
前提	执行异议被裁定驳回
目的功能	阻碍执行
诉讼地位	案外人为原告，申请执行人为被告；被申请执行人反对案外人的，作为共同被告；不反对的，可列为第三人

【参考答案】李有福如果要对案中所提到的紫砂壶主张权利，在赵文、赵武与赵军的案件已经进入了执行阶段的情况下，在民事诉讼制度的框架下，其可以采取的方式是：（1）提出对执行标的的异议。提出异议应当以书面的形式向甲县法院（执行法院）提出。（2）如果法院裁定驳回了李有福的执行标的异议，李有福可以提出案外人异议之诉。

提出案外人异议之诉应当符合的条件是：（1）起诉的时间应当在收到执行法院对执行标的异议作出驳回裁定后15日内；（2）管辖法院为执行法院，即甲县法院；（3）李有福作为原告，赵文、赵武作为被告，如果赵军反对李有福的主张，赵军也作为共同被告。

3.【解题思路及要点提示】本题涉及第三人撤销之诉的适用情形和程序要件，包括主体、管辖、起诉时间等。《民诉法》第56条第3款："前两款规定的第三人，因不能归责于本人的事由未参加诉讼，但有证据证明发生法律效力的判决、裁定、调解书的部分或者全部内容错误，损害其民事权益的，可以自知道或者应当知道其民事权益受到损害之日起六个月内，向作出该判决、裁定、调解书的人民法院提起诉讼。人民法院经审理，诉讼请求成立的，应当改变或者撤销原判决、裁定、调解书；诉讼请求不成立的，驳回诉讼请求。"

起诉主体	有独三和无独三
程序条件	因不能归责于己的事由而未能以第三人身份参诉

续表

实体条件	有证据证明生效的判决、裁定、调解书全部或部分错误
结果条件	民事权益因为上述错误遭受损害
时间条件	知道或应当知道民事权益受到损害之日起6个月内（法定不可变）
管辖	作出相关判决、裁定、调解书的法院
诉讼地位	提起三撤的第三人为原告+生效判决、裁定、调解书的当事人为被告

【参考答案】张益友如果要对元代青花瓷盘所涉及的权益主张权利，在赵文、赵武与赵军的案件已经进入执行阶段的情况下，在民事诉讼制度的框架下，其可以提出第三人撤销之诉；张益友提出第三人撤销之诉应当符合的条件是：(1) 张益友作为原告，赵文、赵武、赵军作为被告；(2) 向作出调解书的法院即甲县法院提出诉讼；(3) 应当在2013年11月1日之后的6个月内提出。

4.【解题思路及要点提示】本题涉及参与分配的适用条件，以及执行根据的法定种类。参与分配的适用条件包括：(1) 被执行人的财产无法清偿所有债权。(2) 被执行人为公民或其他组织，而非法人。(3) 有多个申请人对同一被申请人享有债权。(4) 申请人必须已经取得生效的执行根据，起诉后尚未获得生效判决的债权人不具备参与分配的资格。(5) 参与分配申请应当在执行程序开始后、被执行人的财产执行终结前提出，并应提交申请书。

【参考答案】钱进军如果要对其对赵军所享有的那5万

元债权主张权利，在赵文、赵武与赵军的案件已经进入了执行阶段的情况下，在民事诉讼制度的框架下，其可以申请参与分配。因为其条件符合申请参与分配的条件。按照民诉法的规定，参与分配的条件包括：（1）被执行人的财产无法清偿所有债权，本案中赵军的财产不足以清偿其所有的债务。（2）被执行人为自然人或其他组织，而非法人，本案中赵军为自然人。（3）有多个申请人对同一被申请人享有债权，本案中有三个申请人对赵军享有债权。（4）申请人必须取得生效的执行根据，本案中钱进军有经过公证的债权文书作为执行根据。（5）参与分配的债权只限于金钱债权，本案中钱进军对赵军享有的就是金钱债权。（6）参与分配必须发生在执行程序开始后，被执行人的财产清偿完毕之前，本案情形与此相符。